微小中的巨大

小人物的巨大貢獻

王擎天——著

第一部 典範

CONTENTS 目錄

第二部　緩流

第三部　創新

〈推薦序〉

「付出」的各種不同形式

記得曾在書中看見一段關於大眾傳播理論中「涵化理論」的談論，讓我印象深刻。「涵化理論」是傳播效果研究的經典理論，源自六〇年代以*George Gerbner*為主的研究。這項理論指出「看電視較多者，會比看電視較少者更覺得世界是危險的。」也就是媒介對大眾的影響是潛移默化、長期累積下的結果，更可以說，大眾媒介的內容訊息在某種程度下主導了群眾的認知。而實際觀察日常生活，現代人極少花時間找尋正確的資訊，對世界的認知多半來自速食的傳播媒體，無論是電視新聞（一則新聞大約三十秒到一分半鐘）、網路新聞（一則新聞八百字，甚至多數人只看新聞標題）。而在這些新聞中，八成的內容是傳遞社會上的衝突、人的貪欲與仇恨。在這類新聞的影響之下，加上台灣整體經濟呈現膠著，面對來自生活上的壓力，以及被媒體界定為充滿暴戾之氣的世界，許多人就像個壓力鍋，若無適當宣洩管道，可能面臨心理疾病或是做出不合常理之舉（也就是我們經常在新聞中看到的暴力顧客、暴力駕駛等）。

反映到書籍市場，近二十年來，心理勵志類的書籍在暢銷書榜上未曾缺席，整體的入榜數量更呈現正向成長，足以窺見現代人對於「悶」到不行的生活亟於尋求解決之道與心靈慰藉。聽聞王博士希望以這本集結正向人物與事蹟的書籍，作為自己作者生涯中的里程碑時，除了感佩王博士及其團隊花費多時蒐集、採訪、書寫所下的苦工，將許多小人物的故事以細膩的筆調重新書寫與詮釋，也期待社會大眾都能從這些書中人物看見自己的無限可能，以及社會所潛藏的無盡能量。

作為一名書店店長，面對每日巨量的出版品項，總是感到目不暇給，但又慶幸自己處在一個與書籍如此接近的環境之中，心靈糧食從來不曾匱乏。在這浩瀚書海中，我自然也有幾本口袋名單，或提供我一個想像的出口；或讓我瞭解世界情勢；或讓我知道如何煮魚才不致燒焦；或給予我在人生路上走得更加寬闊的勇氣。納入口袋名單中的基準，有時是根據書的主題、書名或封面上的一小句文案，而更多時候是依據作者。本書的作者王擎天博士便是我的口袋作家之一，若說王博士往年的著作是幫助他人追求財富與成功，這本《微小中的巨大》便是為民眾謀求心靈的富足。而我最喜愛本書中的重要概念，便是「付出」有各種不同的形式，也許是瘦自己的荷包以滿足他人的肚皮；也許是四處奔走只為了幫他人爭取正義；也許是放棄原本可預見的美好前途，轉而將自己的專業貢獻在異鄉……無論善行的大小，就是那一份「心」溫暖了那些曾受幫助的人，也溫熱了閱讀這本書的自己。

將這本書推薦給你，希望能開拓你的眼界，平衡從新聞媒介中所看見的烏煙瘴氣，重新體會最真也最原始的感動，並且將這股能量化為實際行動，一同改變這個世界。

墊腳石副總經理

〔推薦序〕

人生就像一座山

大山看稜線，小山看風景。山之所以高，因為它不懼土石；山之所以美，在於它清新秀麗！王博士的新書《微小中的巨大》著實耐人尋味，內容既是清新寫實的觸動，也是溫馨啟發的小品！

人生在豔陽高照時，應把握機會挑戰自己；風雨交加時，則勇於面對問題、克服恐懼。我在這本書中，讀到刻骨銘心的感動！感謝書中人物用生命活出精彩，以單純而偉大的努力、堅持到底的不輸精神，鼓舞人心。我認為這些微小而巨大的貢獻，將帶給台灣社會奮發向上的力量！

你們是最特別的～有你們真好！有你們真棒！

中華華人講師聯盟創會長
張淡生

〔推薦序〕

奇人王博士的微小巨大

我和王擎天博士已認識多年。身為一個敬業的保險經紀人，我常走訪各地教學、演講，結識不少企業家。其中，我特別佩服王博士面對生命的豁達，以及對於財富的淡然。

某次，他出席一場致富課程的演講時，在台上的他微笑說道：「我在家中有二十餘萬本藏書，如果有一天我走了，這些書就全數贈送給和我同樣愛書的陳亦純老師吧！」在台下我聽得冷汗直流。不少人都知道，王博士數十萬冊藏書地點，是在台北市精華地段信義區三百坪的房子裡，我要去哪裡找這樣大的一個空間容納這些藏書？當下我就決定了：豈可讓他輕易走人！身為他的保險經紀人兼好友，我得好好提醒他注意健康才是。

今年五月初，我和王博士見面，談論他的人生保單與理財規劃。那一天他看起來特別興奮，啜飲一口冰茶後，他便眉飛色舞地向我提到即將出版人生中第兩百本著作，這次的寫作風格和以往完全不同，不再談論成功和致富，而是著眼於台灣小人物之美，而此次出版的收入將全部作為公益之用。詢問該書內容，他娓娓道來幾個故事，其中讓我印象最深刻的，就是在即將在南迴公路台東端蓋建醫院的徐超斌醫師。

返家後，我立即在臉書公開一段文章，除了讚嘆王博士承諾要做一個「保單捐贈」的企業家典範、支持「愛捐贈」行動的義行，我特別著墨於他的新書──《微小中的巨大》。我這麼寫道：「王擎天博士真奇人也。他不但是一個成功的企業家，更是慈善家的典範，即將在六月六日出版的新書《微小中的巨大》，收入將全數捐作公益使用，還請多多支持，踴躍購書。」

文章一出，下方陸續出現迴響，紛紛詢問我王博士「奇」在何處？於是我又寫了幾段長文，為我的朋友做一番介紹。

十分榮幸能為本書寫推薦文，故將那些日子所寫的內容，概述於下。

王博士第一奇，在於他知識淵博，讀過的書不計其數，且信手拈來就能談論一段歷史、一句古文。第二奇，身為一個成功的企業家，他名下的房子，除了留給子女，還指定給公司員工，和他親自創立的知性社團——王道增智會，甚至將幾間房子預留捐贈給慈善機構。

他的行事經常出乎一般人的意料。許多人寫書會捐贈版稅，他卻將所有收益一概捐出。我曾在他的致富課程聽過如下論述：「錢捐得愈多，就賺得越多；若想要賺很多，那你必須先付出更多。這就是財富的良性循環。」他確實身體力行地在實踐自己的理論。

能夠結識如此奇異的出版人、文化人、愛台灣的人，我在此竭誠推薦讀者購讀此書。祝福所有支持這本書的朋友，你們因施福而有福了！

台大保險經紀人公司董事長　陳亦純

〔自序〕
第兩百本著作的「微小」力量

邁入知天命之年，人生各方面的累積逐步富足，眼界遂由小至大，看見世界的諸多不圓滿。偏鄉有著渴望學習卻無法如願的學童；醫療資源不足的地方，母親為了早夭的幼兒流淚。如果更用心觀看，你還會發現數不清需要關照的弱勢團體、因天災失去家園的村莊部落、都市化風潮下人才外流即將崩解的鄉村……

社會存在著許多問題，掩住耳朵不加理會，日子也是照過。但若清出一些心靈的空間，過濾掉紛亂的社會案件，會發現在這個蕞爾小島上，許許多多的小人物不計名利、不管是否受到矚目，用他們堅強的意志、不懈的行動之手，奮力改變現況。有連續數十年不輟、寫信關心受刑人的愛心媽媽；放棄都會醫院高薪，隻身到偏遠山區行醫的現代華陀；將數千萬退休金慷慨捐輸的老榮民；培養出兼具學力、品格並樂意奉獻鄉里的學生，且持續翻轉偏鄉教育的熱血教師；門庭若市的包子店，每天卻固定製作一批「只送不賣」的愛心包子、自己宅配到清寒家庭的阿嬤；

以「台灣不再有冤案」為目標、奔走各項社會運動的新生代律師。比起只是金錢的挹注，他們看似微小的力量，實是轉動台灣、讓這塊土地更好更美的巨大齒輪。

平日，在報章雜誌上看到感人的報導或專欄，我都會蒐集起來，作為到各地演講的內容素材。近年來，我潛心研究易學與佛學，並探究如何追求美麗人生新境界，我發現真正心靈富足的人，往往不是富翁或企業家，而是奉獻一生給大眾的宗教家、教育家、庶民。這當中包含了遠道而來的西方傳教士，乃至各個領域學有專精，卻甘願投注心力到偏鄉服務的平凡台灣人。

適逢二〇一五年台北舉辦世界華人八大明師大會，我心生一個願望，要將這些不甚知名的小人物，介紹給與會的企業主和學員。同時，集結默默為台灣社會奉獻「善」的故事，作為紀念我執筆創作以來第「兩百」本書。我選擇了數個人物或團體，深入探訪其近況與展望，重新敘述他們感人的故事，這當中有堪為典範者，有如緩流點滴累積而成的改變，也有年輕人的創新震撼。企盼這些故事的簡單摘要整理，能作為讀者進一步瞭解其作為的引線。書中人物或許你聽說過，但也許只是匆匆一瞥，因為媒體報導只有一時效應，「善」的事蹟需要反覆去向大眾述說。我相信讀者在閱讀這本書的同時，將燃起對社會的使命感，甚至能湧現昔日面對自我夢想的勇氣與希望。如果一切可以成真，將是我投注社會一點「微小」力量的貢獻。

底層社會必然仍存在許多尚待發掘的偉大人物，他們默默付出，卻可能尚未開花結果，能否讓他們堅持初衷、繼續走下去，需要你我的支持。「德不孤，必有鄰。」很多人早就展開利他的行動、正義的吶喊，只是，我們需要更多連結人心的力量。

不論現在的你事業有成，或資源有限，衷心希望這些故事能在你心中盪開漣漪，激起潛意識中一直蠢蠢欲動、想做一番大事業的熱情。真正的大事業未必只有賺錢一途，我認為只要想起幼年「我要拯救世界！」的夢想，每個人都可以運用自己的專業，加入奉獻社會的行列。期待整個台灣社會因為你我的關注與投入，迸發更多溫暖、更多改變，讓這個我們共有的小島，在諸多「微小」的集聚下，綻放巨大而美麗的光芒。

于台北上林苑

第一部　典範

堅持一生的理想，全力做到最好。
超乎常人的堅定與信念，成就了典範的光環。
時光推移，帶不走他們的熱情，
只讓他們照亮更多生命。

不逐潮流、心在醫病的徐超斌醫師

為了全力以赴維護部落居民的健康，他發生腦血管破裂。中風後，他用僅存一半靈活的身體，做更多事情。這是勇氣和大愛的醫師，徐超斌。

第一次注意到徐超斌這號人物，是在一個午後的人物專訪節目。電視裡，穿著白袍的徐醫師單手駕駛，下車後卻些微地步履蹣跚，仔細一看，才發現他是用右半邊的身體，奮力地讓「整個自己」前進，「這位醫師究竟發生過什麼事？」此外，雖然只是匆匆一瞥，但我也發現徐醫師在鏡頭前來來去去的場景並非大醫院，而是山路、偏鄉診所、部落光景。這位行動不便的醫者，頓時引發我的好奇，想要瞭解他是何許人也。

從事出版業的我，時常來去各大書店，上網瀏覽最新圖書資訊，更是每日必行之工作。某日，網頁上一本新書映入眼簾：《守護*4141*個心跳》，封面就是徐醫師展開笑顏的攝影。四一四一，是台東縣達仁鄉的人口數，這麼多人，他們只有徐超斌一個醫生。

沒有猶豫，我立即放入購物車，取得書後，在公務繁忙中撥出時間閱讀。

不被出身限制、奮勇向上的部落男兒

民國五十六年出生的徐超斌醫師，是台東縣達仁鄉的排灣族人，從小就成績優異，是村裡之光。國小五年級那年前往台東市區就讀，一開始因為原住民的身分，常常被漢人同學瞧不起。剛離開部落來到市區，還沒搞懂都市學校的遊戲規則，課業表現也不搶眼，甚至有點跟不上進度，就這樣被其他的同學孤立了。但徐超斌從小就不服輸，拼了命地飛快適應「平地」，不一會兒，就以傲人的成績讓所有的同學對他另眼相看！甚至小學畢業的時候，徐超斌還拿到了全學年智育獎！

由於表現優異，徐超斌升上了台東縣的明星國中。這次，才是真正要離開部落，展開一個人隻身在外租屋、洗衣、打理三餐的求學生活。出了部落的男兒，就像脫韁的野馬，沒有任何人管他。活潑外向的徐超斌有一段時間沉迷於電玩，屢屢將家裡寄來的生活費耗在遊戲上。有時連飯錢都沒有，過得有一餐沒一餐的。到了午餐時間，他就會躲起來，因為不想讓同學知道他沒飯吃。有一次，同學們注意到這點，詢問徐超斌為什麼都不跟大家一起吃午餐？徐超斌才透露自己沒錢買飯的窘境。同學們知道徐超斌的狀況後，每個人都分一點便當裡的食物給他當午餐。同學們感人的善心，徐超斌到現在都無法忘懷。

為了加強部落男孩的競爭力，徐超斌國二時，父親將他轉到高雄的學校就讀。這次離鄉他不再適應不良，而是展露驚人的潛力，成為師長同學眼中的「奇葩」。教英文的班導師暗暗鼓勵他：「你一定要朝醫學院前進！」數學老師也看出他的天賦，期許他為部落爭光。

其實，徐超斌心中早就擁有成為醫生的夢想，但這個想法，卻是一個悲傷往事所促成。徐超斌七歲那一年，四歲的可愛二妹，某日從屋外玩耍回來後，眼睛發紅、渾身起疹子，不久就高燒不停，家人都不知怎麼回事。幾日後被送到醫院，卻因延誤就醫時間，併發肺炎而宣告不治。徐爸爸非常自責，不斷留著淚喃喃自語：「女兒，爸爸對不起妳，但醫院真的太遠了……」。當時徐超斌才七歲，根本不知道死亡是什麼，但看到父親哀傷的表情，知道二妹回不來了。徐爸爸那句「醫院真的太遠了」的悲傷自責，深深烙印在徐超斌的心裡。

如果醫院不遠，二妹是不是就不會死？

於是徐超斌決定從醫，心中深切期待，未來絕對不要再發生病人枉死在就醫的路途中。

「醫護一體」與「絕不放棄」

成績優秀的徐超斌，民國七十二年進入了鳳山高中，成為鳳山高中「唯一」的原住民。同學一開始對他投以異樣的眼光，不過愈是有人質疑他，徐超斌就愈是不服輸，他以名列前茅的成績讓眾人對他刮目相看。三年後進入台北醫學院（現在的台北醫學大學）後，終於踏上當醫生的夢想之途。

進入北醫的徐超斌，可以說是校園風雲人物，不僅成績一把罩，在學校社團也非常活躍。原住民平易近人的爽朗個性、幽默風趣的言談、雄渾的歌喉，兼彈得一手好吉他，讓他在同學、學弟妹心中留下深刻的印象，到現在這位「徐氏學長的事蹟」仍是社團學弟妹口中津津樂道的趣事。

民國八十二年，徐超斌完成醫師課程，進入北醫的附設醫院實習。

實習醫師非常忙碌，短短一年，要在內科學習三個月、外科三個月、婦兒科三個月，再任選其他三科服務三個月，行程滿檔，時時處於備戰的緊張狀態。徐超斌在實習的日子裡，第一次學習打針。剛開始不大順利，曾經連續打六個病人都宣告失敗，讓他有點驚慌。後來徐超斌非常聰明，一旦連續兩針都打不上，他就向資深護士求救，並從旁觀察技巧。面對虛心求教的醫師，護理人員自然非常願意傾囊相授，何況徐超斌總是親切有禮、談笑風生，未曾有過醫生的架子，因此，有徐醫師在的地方，總是形成良好的合作氛圍。

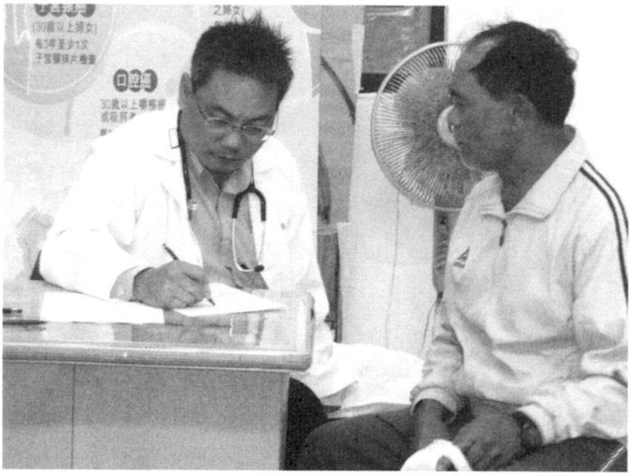

▲徐超斌問診時的認真神情

徐超斌一直認為，自己是在護理人員的協助下，才順利完成實習醫生的使命，因此當他看到大牌醫生對護士大呼小叫，甚至是摔東西，實在大惑不解。他深刻體會到：醫生與護士是一個團隊，相輔相成，互相幫助，因此最是需要互相尊重。醫生若無禮對待自己的助手，如此糟糕的醫護關係，難以再讓雙方緊密合作，到最後受害的一定是病人。所以當徐超斌自己出師行醫後，就算自己再累，病人再多，心情再差，也絕不會對護士隨意責難。這就是他行醫途上堅信的「醫護一體」概念，從未有過改變。

在北醫實習的最後一天，徐超斌擔任一位年近八十歲的資深婦產科醫師的助手，為一位罹患子宮頸癌的病患開刀。這位病患的情況並不樂觀，但老醫師依舊全神貫注，毫不鬆懈。他記憶猶新在病患心跳下降那一刻，老醫師飛快指示護士做心臟電擊的神情，真的是不到最後一刻，絕不輕言放棄！看著老醫師專注、淌著汗滴的臉龐，徐超斌深深地感動。但最後事與願違，病患仍舊是回天乏術。老醫師難過地垂下握著手術刀的雙手，拿下口罩，走出手術室沉重地告訴家屬噩耗。徐超斌從這次的經驗裡，理解到作為醫生的責任：不到最後關頭，決不輕易放棄病人！

奇美神醫現身

結束北醫的實習，徐超斌進入台南奇美醫院，成為一名正式的住院醫師。最開始，他跟著資深的曾醫師一起工作，一面做一面學。曾醫師豐富的經驗讓徐超斌大開眼界，例如有一次傷患被送至急診室，曾醫師才看了一下，就說出病人的問題在哪裡，且馬上展開治療。這讓徐超斌非常驚訝：「病人根本還沒做*X*光檢查，怎麼知道他病在哪裡？」「怎麼能隨便就進行治療！」但最後的檢查證明曾醫師的判斷完全正確！曾醫師不用透過儀器，一眼看出病狀的本事讓徐超斌嘆為觀止！

奇美醫院名氣漸廣後，病患人數開始大增，急診室病患每月暴增到一萬人，所有住院醫生全忙壞了！輪班因而改成三班制。由於病患數極多，很多病徵表面上也看不出來，迫使徐超斌必須更快速且正確地診斷病情，他利用空檔拼命查閱書籍，以獲得最新、最全面的醫藥知識，這讓他的醫術以及醫學見識瞬間提升！

不到三年，徐超斌晉升為主治醫師，創下了奇美醫院升上主治醫生的紀錄，也成了全院第一位內外科兼修的急診專科醫師。徐超斌此時已經攀上事業的顛峰！即使小有名氣，徐醫師依舊將病患當作自己的親人一般，來思考是否要開刀、是否收治病人。有一次，醫院的加護病房以制度為由，不願意為一個生命跡象微弱的老先生加病床，一旁孤立無援的老奶奶驚慌失措，徐醫師只問了一句話：「別再跟我說什麼加床原則了。如果這是你的阿公、阿嬤，你收是不收？」加護病房的醫師這才決定挪床看看。

面對分秒必爭的生命戰場，徐醫師的敏感神經和豐富見識，讓他得以在關鍵時刻做出正確的決斷。有一次，一位休克的病人送到他面前，他一摸病患肚子，發現有腹膜炎症狀，立即安排電腦斷層檢查，沒想到竟在腹部主動脈照出一顆腫瘤。要不是及時動手術，後果不堪設想。

豐富的醫病經驗也讓徐超斌能夠敏銳地嗅出「死亡的氣味」。例如某天早晨，徐超斌在巡視病人時，看到一位病患婆婆臉色憔悴、眼神黯淡，他瞬間感到不對勁，趕緊要同事為老婆婆準備一張加護病床！同事們覺得奇怪，因為老婆婆的生命跡象穩定，為何要送進加護病房？徐超斌回答：「因為我在她身上聞到『死亡的味道』。」其他醫生很疑惑，但還是將老婆婆送進加護病房。沒想到進加護病房的隔天，老婆婆就過世了。

如此敏銳的「死亡直覺」，讓其他同事們佩服不已，甚至有人說擁有這個超能力「當醫生實在太可惜」。但徐超斌很謙卑地表示：「這份上天賜與的能力，或許還要感謝那些不計其數的病人幫我培養出來。」

英國數學家懷爾斯花了差不多一萬個小時，解開了三百年無人能解的「費瑪最後定理」，許多人因此將「成功」與「一萬個小時」劃上等號。英裔加拿大作家葛拉威爾即在暢銷書《異數》（*Outliers*）中提到，傑出的成功人士不管從事哪一種專業，都是經過一萬個小時的不斷練習。徐超斌在鞠躬盡瘁的實習醫師、住院醫師生涯，累積了龐大的診療體驗，可以說無數的醫病經驗造就了徐超斌的敏銳反應，更可以說是他努力了超過一萬小時換來的專業直覺！

放下神醫光環，進入山林回饋鄉里

很早就離開部落的徐醫師，聲稱自己對部落有著深深的依戀。民國九十一年，徐超斌由大醫院主治醫師，轉變身分為偏鄉的部落醫師。雖然放下優渥、高薪的待遇，但從此回到他的家鄉——台東達仁鄉服務，在當地的衛生所擔任醫生兼主任。

回到綠樹環抱的家鄉，會講排灣族語的徐超斌很快就拉近與民眾間的距離，這當中當然包括他的親友、長輩。年紀輕輕的徐超斌醫術高超，卻是一個毫無架子、真心關懷病患、讓病人「好愛來找他」的醫生。他和病人間會有這樣的對話：

徐超斌：「又怎麼啦？哪有人像你一樣，來得太頻繁了一點！」

病患：「你醫術高超啊！」

徐超斌：「對啊！我的名字剛好有個超。」

徐醫師和病患間有趣的對話，以及感人的互動，多到說不完。他和原住民的孩子們也都是交心的好朋友，山裡的孩子既把徐醫師當成偶像，又是他們的好玩伴。所有單純的山區住民，成為徐超斌堅守職務的強大支柱。他必須守護他們，因

▲徐超斌和小朋友們打成一片

為除了徐醫師醫療團隊，這裡沒有其他資源。

達仁鄉醫療資源極度缺乏，遼闊的山區，四千多位居民，卻只有徐超斌一位醫生，且衛生所一般並未提供夜間、假日門診。為了彌補醫療欠缺，減少病患長途跋涉至台東市區的狀況，徐超斌將簡陋的衛生所改建成醫療大樓，又加開了夜間、假日門診，更加強了二十四小時的急診服務。

原住民偏鄉的醫療有多缺乏？以台東縣為例，從台東市往南走，再向西走到屏東枋寮才有一間醫院，若要再找下一間，恐怕就要到恆春了。長達一百多公里——相當於從台北市到苗栗的距離——沒有一間醫院！如果是半個小時之內必須處理的病人，可能在送醫的路途中就病發身故。

民國九十五年三月，徐超斌正式啟動南迴緊急醫療的大武二十四小時急救站。此後，徐醫師每週一到週五戰無稍息，除了基本的衛生所門診，還要開車到台坂村、森永部落巡迴醫療，到土坂村夜間巡診，到大武急救站值夜班門診。偶爾晚上有空檔，也在台東醫院的央求之下，到大夜班協助急診。

可以說急救站成立後，徐醫師一個月的工作時數暴增到四百個小時！台積電員工一週的工作時數已經降為五十小時，算算一個月大概兩百多個小時，而徐醫師的工作時數是台積電工程師的兩倍！徐醫師為醫病到處奔波，一週開車的里程數約莫一千公里，一個月就是四千公里，幾乎繞台灣四圈了！全年無休的徐醫師，被大家尊稱為「超人醫生」，他也仗恃著自己年輕，並不在意、也毫不計較超時工作。

「超人醫生」倒下

民國九十五年九月十九日凌晨，徐超斌看完最後一位發燒的小孩後，突然一陣麻痺感侵襲他的左半身，一種奇怪的暈眩感隨之而來。徐超斌驚覺「糟糕！」馬上叫起值班護士幫他量血壓。徐醫師的血壓爆衝到兩百！徐超斌心想：「完了……一定是腦出血。」徐超斌馬上要護士把他送到醫院。一到醫院診斷，的確是腦中風，左半身已無知覺。此時的他才三十九歲，人生剛要開始起飛。

透過手術，徐超斌腦中的血塊被清除，總算是撿回一命，但左半身因此癱瘓，必須進行長期復健。原本的神醫一夜之間變成病患，這個轉變深深打擊了徐超斌。

徐超斌回到他出道的奇美醫院進行復健。奇美還有很多他的舊識，大家都沒想到當年意氣風發的神醫，居然反過來變成病人，令人不勝唏噓。過去徐超斌總是指示人家要怎麼復健，沒想到以前他對別人的指手劃腳，現在居然就用在自己身上。複雜的心情實在無人能訴說，但他還是堅強地認為，從這樣親身的經驗中，才能徹底瞭解過去那些病患在復健時的真正心情，因此對病患更能感同身受。

休養了半年，徐超斌還是放不下部落的病人們，因此堅決回到工作崗位繼續行醫。一開始，左半身行動不便深深打擊了好強的他，直到某日心境一轉：「我不是還有右半身嗎？感謝上帝讓我留下靈活的右手。」每當用僅存的右手處理病患傷口時，他的腦海總會浮現武俠小說裡獨臂刀客揮劍的英姿。徐醫師雖然不是大俠，卻彷彿做著和俠客一樣的事情。

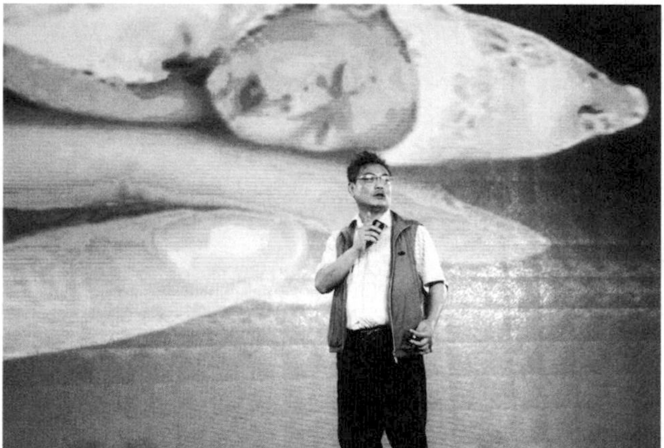

▲翻轉人生的徐超斌四處演講鼓舞民眾

徐醫師在書中記載多位讓他難忘的病友，這些病患需要他，甚至非他不可。事實上，也正是這些數不清比他自己還為他難過的病人，讓徐醫師堅持要更快樂地活下去，而且，他還要救更多人！

徐超斌中風後，想做更多事情。他堅信醫生不能只管醫病一事，於是成立了「南迴健康促進關懷服務協會」，幫忙照顧部落獨居老人，並關注孩童的教育。透過這個協會，徐超斌為部落創造就業機會，讓年輕人願意回來部落發展，不少年輕人加入了健康協會，投入老人照顧、孩童教育。這種「鼓舞當地青年貢獻鄉里」的實質行動，才能真正地幫助部落、改變部落。

徐超斌也成立「方舟教室」，為原住民孩童提供用餐、寫功課的場所。取名叫「方舟」，就是希望滿載知識與夢想的船，可以幫助孩子渡過外面世界的所有洪水潮汐，讓他們順利通過成長的每一關。

彰顯「正義」的南迴醫院

緊鄰南迴公路，台東最南端的大武鄉、達仁鄉，人口共計一萬人，卻只有兩間衛生所，四位醫師，等於一個醫生要照顧兩千五百人。當地若遇有緊急重症病患，要送往台東市大醫院，至少要花一個小時才能到達。若病患本身年長，又失去呼吸心跳，到達市區能夠救活的機率不到一成。因此，為了守護偏鄉民眾，捍衛偏鄉醫療，有必要在南迴地區建設一間設備較完善的醫院。

「醫療是基本人權？還是精算成本效益的服務事業？」這是徐超斌所提出讓人深思的問題。

與都市相比，台東縣的偏鄉人不多，在地居民又是弱勢，蓋大醫院不可能賺錢。如果建造一座注定虧損的醫院，政府一定會被狠狠批評。對財團來說，賺不了錢的醫院沒有存在價值。但徐超斌認為這不單是錢的問題，偏鄉人民繳一樣的健保費，卻無法擁有安心的醫療品質，這是基本人權被剝奪。徐醫師堅持讓每個民眾在二十四小時內免於生病的恐懼，因為這就是基本人權。

為了扭轉醫療資本化的現狀，解決東部偏鄉醫療資源嚴重不均的情形，徐超斌決定著手建造「南迴醫院」。這不是一件容易的工作，才剛提出，縣政府便以「成本效益不高」為由，直接拒絕這個提案，所以徐超斌只能自己來蓋這間醫院。一向認為「我只是個平凡人」的徐醫師，知道一旦宣布要做這件事，將開啟他辛勞無比、馬不停蹄的奮戰。成為媒體焦點的他，也勢必面臨放大鏡般的檢視，這是一條勇往直前、不容許後退的誓願之路。

徐超斌很早就在思考南迴醫院的建造，他苦思十年，最後終於想到方法：一個不要靠政府、財團，而是以庶民的力量去支撐的計畫。他提出只要一萬個民眾，每月捐一千元給南迴醫院，南迴醫院就可以營運下去。三一一日本大地震發生後，台灣是全世界捐助日本最多資金的國家，這讓徐超斌認識到，台灣人是非常有愛心的。但徐超斌也疑惑，為什麼一定要到災難發生時，人們的愛心才會被激發出來？為何不在日常生活中就發揮愛心？所以徐超斌想挑戰這件事：讓大眾一起為南迴醫院、一起為台灣的偏鄉醫療出一份力。

民國一〇一年，徐超斌擔任南迴基金會發起人，開始籌募南迴醫院。同年八月，登上媒體，聳動的標題震撼台灣：「建南迴醫院，徐超斌自己來！」自此引發社會廣大的迴響，讓他感動莫名，卻也有一絲無奈。民眾的回應裡，多是支持與鼓勵的聲音，但也出現批評徐超斌的反對聲浪。批評者以徐超斌忙於推動南迴醫院事務，致推動鄉里公共衛生效果不佳；亦有人質疑他因此被解除衛生所主任一職。對此，徐超斌沉痛表示，批評者專以他的私德作文章，然而事實擺在眼前：南迴醫院的建立絕對刻不容緩，東台灣的居民已經等了幾十年了！

達仁鄉居民每逢選舉，都聽到候選人喊出「建設南迴醫院」的政見，然而真正努力讓它實現的，不是政客，而是生於茲、長於茲、立誓奉獻鄉里的部落男兒。這就是徐醫師！他從來無意成為名人，也沒有時間和反對者逞口舌之爭。徐醫師曾表示，台灣是個全民健保的時代，沒有任何一個地方需要「義診」，偏鄉需要的是「長期駐診」，因此勢必要有一間醫院，讓南迴公路沿途不再有人因為沒醫院而死在就醫途中。

努力了許久，民國一〇三年初，衛生福利部核發「醫療財團法人南迴基金

▲思索南迴醫院建設的徐超斌

會」成立經費勸募許可，醫院的捐款從這一刻起才於法有據。透過募資平台訴說理念，各界的善心捐款紛紛挹注，報章雜誌也極為關切。記者郭書銘、翁鏘斌更以徐醫師和他偉大的行動為主軸，製作紀錄片「南迴醫路哀與愁」，擊敗一百多件作品，獲得民國一〇四年金輪獎電視一般題材「特優獎」。

「應該讓偏鄉民眾也有獲得醫療的權利！」徐超斌想打造的南迴醫院或許不是最先進的醫院，但是對台東偏鄉居民來說，至少可以提供最基本的需要。只要南迴醫院成立，偏鄉居民發生重大疾病或重大意外，不用再千里迢迢到遙遠的醫院看病，更不會因為路途太遠而延誤病情，如此可以挽救更多性命，這才是醫療的公平與正義！

他也希望打破一直以來，醫院「只追求利益」的陋習。徐超斌期待南迴醫院可以更人性化，醫病關係更融洽，醫生和護士不會再被壓榨，讓醫院不再只是治病的地方，更是精神交託的心靈療所。如果南迴醫院成功了，就是偏鄉的福音！而這個「南迴經驗」甚至可以在全台各地的偏鄉開花結果，鼓舞各地的偏鄉民眾和醫療人員：「只要有人率先站出來，改善，是有可能發生的！」

南迴醫院的籌備與募款已經如此艱辛，徐超斌也預料到未來的建設——甚至往後營運過程中，會有更多阻礙與挑戰。有人在網路上議論道：「就算蓋了醫院，病人數不夠，就留不住醫師，經營不下去。」但豈可為了將來無法預料的種種困難，就裹足不前？

也曾有資深醫師前輩對他說：「這樣的事應該交由中央政府或企業財團去做，這不是你一個人承擔得起的工作！」對此，他只能搖頭苦笑，因為就算南迴醫院是注定虧錢的醫院，徐超斌還是會以「雖千萬人吾往矣」的意志堅持前進。「總要有人出面做這件事！」徐醫師坦承，他並不是「很想做」，但他「必須要做」！必須要有人為了偏鄉的弱勢發聲！

達仁鄉有綠蔭環繞的山林，面向寬廣無垠的大海，仰望則是湛藍無雲的藍天，那裡有上帝賦予台東最美好的大自然景觀。還有，一位從天而降的天使，拖著殘而不廢的身軀，到現在仍守在那裡，默默地守護著達仁鄉可愛的鄉人。他，就是徐超斌醫師。

民國	事蹟
八十三年	六月，自台北醫學大學畢業
八十六年	六月，開始在台南奇美醫院擔任急診科總住院醫師
八十九年	十一月，升任奇美醫院急診科主治醫師
九十一年	六月，回到達仁鄉，成為部落醫師
九十五年	三月，成立二十四小時大武急救站；九月，病倒
九十六年	四月，重回達仁鄉衛生所
九十八年	二月，衛生所嶄新的醫療大樓啟用
一〇一年	擔任南迴基金會發起人，開始籌募南迴醫院
一〇二年	擴增南迴協會社區服務項目
一〇三年	衛生福利部核發「醫療財團法人南迴基金會」成立經費勸募許可；導演許哲嘉紀錄片「沒有終點的旅程」入圍金穗獎
一〇四年	民視異言堂「南迴醫路哀與愁」紀錄片勇奪金輪獎

嫁給台灣英語教育的美國奇女子：彭蒙惠

兒時的一句承諾，她遠渡重洋來到戰亂頻仍的中國。
為了宣揚信仰，最終選擇擱置親情與愛情，
隻身來台奉獻超過一甲子，
無數學子都聽她創辦的「空中英語教室」長大，
她是開啟台灣英語教育先河的彭蒙惠。

教育，是進入知識殿堂的路徑；語言，是開啟殿堂大門的鑰匙。台灣的教育早已普及化，數十年前，國人便瞭解到外語是認識世界的媒介，直至今日，都格外重視外文學習。英語作為習得各種外語的基礎，目前在台灣的使用最為普遍，因此各種教材或課程亦琳瑯滿目，不斷推陳出新，有時甚至讓人不知從何選擇。

我從事教育事業多年，深刻體認過去台灣教育體制的僵化、教學方式的沉痾，及教材內容的刻板，在在降低學子們對學習的熱情。因此多年來我致力於教學方法的改良，以期讓學生在沒有壓力的環境、靈活的教學方式中，輕鬆獲取知識。而在我之前，早有不少前輩在台灣教育的各個領域上不斷貢獻己力、努力推廣，讓學習變得趣味性十足，不再艱深難以親近。其中開啟台灣英語教育先河，在台奉獻六十餘載的彭蒙惠女士最令我敬佩及感念。

小小女孩的宏大志願

每日打開收音機，就能聽到《空中英語教室》廣播，這個節目陪伴台灣人已超過五十年。尤其在過去英語教材鮮少的年代，如此活潑有趣的廣播教學節目，成了剛接觸英語的中學生、對英語有興趣的社會人士不可或缺的學習良伴。創辦人彭蒙惠，她的大名早已為台灣民眾所熟悉，但或許除了教會人士以外，多數人並不清楚她的成長背景與來台緣由。

本名桃樂絲．瑪莉．布容（*Doris Marie Brougham*）的彭蒙惠，一九二六年八月五日出生於美國西雅圖。桃樂絲的家裡共有八個小孩，她是父母的第六個孩子。

因食指浩繁，桃樂絲的父親除了從事修車工作外，還得兼職另一份工作以維持家計。由於經濟拮据，布容家往往只買得起價格較低廉的隔夜麵包。雖然在物質上較為匱乏，但一家人的感情非常好，不僅孩子會輪流分攤家務，彼此間也毫不藏私地慷慨給予。桃樂絲的大哥讀醫學院時，所有的弟妹都欣然拿出自己的積蓄，資助大哥的學費。愛與分享的美德，是布容家族和諧又幸福的祕訣。

儘管家庭開支常捉襟見肘，桃樂絲的母親仍不吝幫助他人，她總是說還有比他們家過得更不好的人，既然有能力就應該幫助別人。有一年聖誕

▲布容全家福，坐在右方父親腿上即是桃樂絲

節，小桃樂絲收到叔叔送給她的洋娃娃，她開心極了，對新的娃娃愛不釋手，舊的洋娃娃則被打入冷宮。有一天隔壁的小女孩到桃樂絲家玩，目光一直沒離開桃樂絲的新洋娃娃。桃樂絲的母親看在眼裡，找了機會問桃樂絲說：「隔壁的小朋友沒有洋娃娃，妳有兩個，妳願不願意送一個給她，讓她跟妳一樣快樂？」桃樂絲本來想將舊的娃娃送給隔壁鄰居，母親卻對她說，送東西給別人應該如同送給主耶穌一樣，送就要送最好的。桃樂絲的母親不勉強她，讓她自己考慮，桃樂絲掙扎了許久，決定把新的娃娃送給隔壁的小女孩。小女孩收到桃樂絲的洋娃娃時，不可置信地睜大眼睛對她說：「謝謝！」並將洋娃娃緊緊地擁在懷裡，此刻的桃樂絲第一次感受到分享的快樂。

桃樂絲幼時，美國經濟大恐慌剛結束，市井蕭條，窮的也不只桃樂絲一家。某次，一位來到桃樂絲父親公司修車的客戶，很不好意思地說自己並沒有錢支付，希望能以一支舊的薩克斯風作為代價，布容先生想到家中熱愛音樂的桃樂絲，便接受了。回到家，他將這支樂器送給女兒，桃樂絲高興地手舞足蹈，這一天起，她開始認真地學習薩克斯風。由於對音樂的喜愛，桃樂絲也學會了小喇叭、法國號。

一九三八年夏天，十二歲的桃樂絲參加一個年輕人的聚會，剛從中國回到西雅圖的計志文牧師，向大家述說中國遍地烽火、戰亂頻仍的處境，然後詢問：是否有人願意為上帝到中國傳福音？在眾人之中，一隻手毅然舉起，那是桃樂絲，她說：「我要去！」在場大人莞爾一笑，並不把桃樂絲的舉動當真。她卻暗想：「我舉手，上帝已經看到了。」桃樂絲回到家後，將自己的誓願告訴父母，父母親提醒他說：「既然已經答應了上帝，將來可不能忘記喔！」

這一場晚會的一個舉手動作，決定了她一生與華人的牽繫。此後，桃樂絲持續朝向實現這個目標前進，從未放棄。

捨棄興趣及愛情的抉擇

桃樂絲十六歲時，成了西雅圖青年樂團的一員，酷愛音樂的她在樂團中負責吹奏小喇叭。當時紐約的伊斯特曼音樂學院提供兩名全額獎學金補助優秀學生，桃樂絲在許多競爭者中脫穎而出、雀屏中選。但她卻在這一刻猶豫了：「到底是自己喜愛音樂的興趣重要？還是到中國去幫助華人重要？」這對桃樂絲來說是個艱難的抉擇，她是這樣地熱愛音樂，卻始終沒有忘記與上帝的承諾——到中國宣教。於是，在眾人一片譁然中，她放棄到紐約接受正統音樂訓練的機會，轉而將目標放在進修神學。高中畢業不久後，她進入西雅圖辛普森聖經學院就讀。

就讀聖經學院期間，每逢暑假，學生都會被鼓勵出外傳道，除了將在校所學實際用於生活上，也能藉此培養宣教的能力。連續兩個暑假，桃樂絲都和一位女孩結伴，前往一個山間的伐木小鎮，進行宣教練習。現實生活不比學校單純，有時碰上喝醉的伐木工人半夜胡亂敲門，讓兩個女孩膽戰心驚；有時食物應接不暇，面臨餓肚子的危機，但桃樂絲始終鎮定面對一切，她相信自己會受到上帝的關照，不會有事的。就在她樂觀且堅定的信仰中，也的確安然度過一切困難。桃樂絲在這段期間持續鍛鍊自己的心志，做好某一天就要獨立自主的準備。

從聖經學院畢業後，桃樂絲進入華盛頓大學修習一年的遠東課程及中文，準備成為一名正式的遠東宣教士。二十歲的桃樂絲正值花樣年華，美麗捲曲的金髮和澄澈的藍眼睛，常不自覺地就受到眾人目光吸引。其中不少追求者向她獻慇懃，桃樂絲卻總是說：「我很快就要到中國宣教了，你要跟我一起去嗎？」這一席話，讓追求他的男孩們最終皆打退堂鼓。桃樂絲為信念所展現的堅定意志，任何人都無法動搖。

當時有個名叫吉姆的男孩，是少數能夠打動桃樂絲、進入她內心世界的追求者。吉姆高大帥氣、多才多藝，懂得六種語言，最重要的是他與桃樂絲有共同的心願——到中國宣教。遺憾的是，在桃樂絲出發前往中國之前，得知吉姆還是沒能順利成行。她知道這一去，短時間內不會回國，她忍痛對吉姆說：「為了不耽誤你，我們不要再聯絡了吧！」

為了前往中國，桃樂絲向「協同會」提出申請，加入宣教的行列。一般而言，美國的宣教士都會隸屬某個團體組織，以便能透過組織的安排，快速融入當地社會與文化，也有助於宣教士間彼此的聯絡、照應。當時對中國宣教的組織中，最主要的是「內地會」，然而「內地會」規定到中國的宣教士必須年滿二十八歲，年僅二十一歲的桃樂絲並不符合資格，所以她轉而向「協同會」申請。協同會一開始也覺得她太年輕，擔憂這個孩子思慮未周、定不下來，但一翻開學經歷，看到她在宣教方面的經驗——主要是在伐木山村兩個暑假的實習為她大大加了分，就這樣，考官准許了她的申請。

踏上烽火連天的中國

一九四八年九月一日，桃樂絲在西雅圖搭上前往中國的貨輪，開啟海外宣教之旅。由於協同會規定，宣教士到海外宣教必須年滿七年才能申請回國，因此桃樂絲將有很長的一段時間無法回到美國。母親一想到長達七年都不能見女兒，哭泣到無法自已，甚至不願前來港口送行。桃樂絲的父親則滿是不捨，雖是含淚揮手向她道別，卻在船即將離岸之際，不由地大喊：「如果現在後悔，跳下船還來得及！」但桃樂絲心意已決。此時桃樂絲的三哥駕駛的小飛機在港口上空不斷盤旋，想到三哥為了實現與她的約定，特地向服役單位借了飛機前來惜別，她內心澎湃不已。年輕的桃樂絲就在親友的不捨與祝福下，帶著廣傳上帝福音的雄心壯志，揚帆出海。

經過六個星期的航行，貨輪穿越了太平洋，依序到達日本、韓國及菲律賓馬尼拉，前往香港的途中還遭遇颱風侵襲，幸而有驚無險，最後順利抵達上海。桃樂絲自忖踏上中國的土地後，便可以實現幼年一直以來的夢想，好好地從事傳播福音的工作。然而此時的中國剛結束對日抗戰，旋即又捲入激烈的國共內戰。戰火一路從東北往南延燒，一九四八年正是中國內戰最激烈的時候！很快地共產黨軍隊即將進入上海，剛到達上海的桃樂絲還來不及站穩腳步，便準備跟著大夥一起逃難。

宣教士一行人搭上前往安徽安慶的火車，倉皇逃離上海。他們與民眾一起擠在壅塞的火車廂裡，當地乘客皆好奇地打量著這群金髮碧眼的外來者，探詢為什麼他們的頭髮是金色的？眼珠是藍色的？一開始桃樂絲有點不自在，但發現自己也不經意地觀察起眼前一位頭髮又直又黑的女性。於是她在心中思考：原來不同人種間，都會對彼此有好奇心啊！想到這裡，她就釋懷了，從此便神色自若、不以為意。

到達安慶後，桃樂絲加入基督教內地會的華語學院。工作人員依照「桃樂

▲桃樂絲與伙伴在安慶語言學校

絲」這個名字的涵義——上帝的禮物，幫她取了中文名字：彭蒙惠，意為「承蒙上帝之恩惠」。此後，彭蒙惠開始了在中國的宣教生活。

槍口底下的不斷逃亡

持續蔓延的戰火，連安慶也無法倖免波及。彭蒙惠一行人為了安全，又全員撤回上海。上海原本是歌舞升平的大都市，因為戰亂影響而變得十分蕭條，連糧食都得依賴配給。彭蒙惠在上海街頭經常看到大宅門院前有著一團布包，她一直不曉得那些布裡面包著什麼東西。某天，彭蒙惠趁著四下無人時，掀開布包來一探究竟，她嚇了一大跳，映入眼簾的竟是個小女孩的屍體。原來上海天天都有人因戰亂餓死、凍死，沒錢埋葬家人的貧苦民眾，只好用布疋將死嬰包裹，放在富有人家的門口，希望他們大發慈悲，幫忙埋葬自己的孩子。看到平民百姓在戰亂底下掙扎求生存的種種慘狀，彭蒙惠心痛不已。

國共內戰到了最後關頭，長江以北均被共軍占領，上海也不再安全了，彭蒙惠必須再次逃亡。她原本計畫與好友逃到香港避難，但因物價飆漲，機票貴得離譜，甚至有錢也買不到，他們只得先買到達重慶的機票，再從重慶飛到成都，最後抵達甘肅平涼。

平涼荒漠處處，當地人利用黃土的直立性，打造冬暖夏涼的窯洞居住。儘管住在這樣的窯洞裡，為了向華人宣教、不斷比手劃腳訴說的彭蒙惠，還是經常熱得滿頭大汗。過了不久，隨著共軍逐漸逼近，平涼也開始騷動了起來。四處都是受傷的士兵，為了協助治療傷患，彭蒙惠自願加入救護站，縱使站內充斥著汗臭味與血腥味，即使眼前有諸多不堪入目的血腥景象，彭蒙惠依舊鼓起勇氣，持續不斷為傷者包紮患部。

國軍再也擋不住共軍的攻勢，彭蒙惠於是逃離平涼，前往蘭州。才剛離開平涼，這個城市立即被共軍占領。彭蒙惠不過才到中國一年，卻歷經了三次逃亡，這是她當初始料未及的。在一番顛沛流離中，她只能自嘲：至少這段時間內，練就了一身快速打包行李的功夫。

一行人才逃至蘭州沒多久，共軍又來了，所幸香港路德會在最後一分鐘派專機到蘭州機場，即時營救所有宣教士。當飛機正沿著跑道直行、預備起飛時，共軍的機關槍已經開始向機場掃射。起飛後不久，蘭州也失陷了。當時掩護飛機起飛的國軍士兵許多陣亡，也有的被逮捕，逃離的場面膽顫心驚。一行人就在驚懼的心情中，來到了香港。

甫到香港的彭蒙惠，面對又溼又熱的氣候，感到非常難以適應。某天，她收到極為思念、卻早已約好不再聯絡的吉姆來信，字裡行間表示希望繼續聯絡。信封上蓋滿了郵戳，可知是在兵荒馬亂之際，信件來回輾轉、流浪了一年，才奇蹟似地送到她的手中。吉姆的信深深感動了彭蒙惠，但她始終無法忘懷向華人傳遞福音的使命，即使萬般不捨，仍決定把信收進抽屜深處，再也不去看它。

一九四九年，國軍徹底潰敗，中國大陸被共產黨接收。除了馬列主義外，中共政府不允許任何宗教信仰的存在，所有的外國宣教士通通被遣返回國。此時中共將收回香港的傳言四起，搞得香港人心惶惶。協同會計畫將香港的總部遷往日本，彭蒙惠的友人們多數也打算前往日本，或回到美國。只有彭蒙惠堅持留在香港，與華人同在。

國軍在國共戰爭失利後，帶著許多民眾渡海抵台。在香港待了兩年的彭蒙惠聽聞人家談起福爾摩沙，雖然對這個地方並不熟悉，但她立志前往華人聚集之處，因此決定到台灣來繼續她的宣教志業。彭蒙惠來台前夕，收到家鄉拍來的電報，得知父親因粉刷地下室，吸入過多毒氣而意外過世。她大為震驚，詢問母親是否要回家一趟，母親卻回覆她說：「妳按照原定計畫繼續前進，我會去看妳的。」因此彭蒙惠沒有回美國奔喪，而是帶著悲痛直航台灣。

落腳美麗的後山淨土

一九五一年，彭蒙惠來到寶島台灣，她捨棄許多宣教士選擇布教的西部城市，與聶輔導牧師夫婦落腳當時建設貧乏、亟缺宣教士的花蓮。彭蒙惠心想：「既然沒有人去，那我就去那兒！」這樣的想法使她勇於接受挑戰，義無反顧地前往花蓮。

來台後不久，彭蒙惠卻收到母親因糖尿病去世的噩耗。母親因感冒未癒，被檢查出早已罹患糖尿病，情況惡化很快，短短三天就離開人世。這個突如其來的打擊令她難以承受，一個人躲起來痛哭。在短短的時間之內，接連失去雙親，隻身在台的彭蒙惠此刻體會到何謂孤獨及心碎。她覺得自己好似遼闊海洋上的一只孤帆，雖有明確的前進方向，卻失去了來時的倚靠彼岸。但她仍得挺直脊梁繼續往前走，因為她的福音傳播之路還未完成。

彭蒙惠初到花蓮時，從未見過西洋人的原住民對她的外貌感到驚奇，甚至在晚上休息時，拿著火把圍繞著她，就只是想看她睡覺的樣子。彭蒙惠和教會友人先落腳於美崙地區，在協同會成立的卡拉萬教會參與事工。她時常帶著小喇叭到處吹奏，希望大家可以到教會來聽耶穌的福音。許多小朋友被從未見過的小喇叭所吸引，而來到教會聽聖經、讀經句。

除了在卡拉萬教會服務外，彭蒙惠也到玉山神學院教音樂，並成立了教會合唱團。她還編寫讚美詩歌本，藉此幫助小朋友認識聖經的意涵。台灣一直是個以佛、道教及民間信仰為主的國度，傳播基督信仰並不容易，更何況在一九五〇年代的台灣，宣揚基督教義更是艱難的工作。但生性樂觀的彭蒙惠並不氣餒，她選擇從兒童教育及原住民聚落開始福音宣傳的工作，希望有朝一日，大家都能信奉上帝，得到上帝的恩惠及祝福。

當時的花蓮山區交通建設十分落後，有些溪河甚至沒有橋梁可以通過，必須涉水而行，可以想見彭蒙惠在花蓮地區傳教是多麼地艱困不易。此外，原住民聚落衛生條件不佳，不僅蚊子多，許多人還罹患肺病，彭蒙惠卻一點兒也不害怕，她也十分幸運地沒有感染任何疾病。唯一會讓彭蒙惠感到驚恐的是不時亂竄的老鼠，天不怕地不怕的她見到老鼠，還是會害怕地失聲尖叫。

致力於原住民部落宣教的彭蒙惠逐漸取得當地住民認同，因為她不單進行宣傳宗教信仰的工作，更將生活教育、品格修養、衛生習慣等現代觀念灌輸給原住民，讓他們的生活品質也獲得相當程度的改善。原住民不但接受了彭蒙惠，還把她當成自己人，為她取了一個原住民名字：利百加（*Libeckdoman*），意為山谷裡的百合花。

當時與泰雅族、布農族、阿美族等原住民經常在一起生活，彭蒙惠還學會了一些他們的語言。彭蒙

▲彭蒙惠的原住民好朋友

惠日後回想起來，認為在山中傳教的歲月雖然辛苦，與原住民朋友建立的美好情誼，卻是她一生當中最難忘的回憶之一。

一九五二年，彭蒙惠協助孫雅各牧師的太太孫理蓮，辦理台灣史上第一個青年夏令營。當時台灣還沒有救國團，暑假年輕人無處可去，因此教會計畫在日月潭辦一個寓教於樂的宣教活動。當時能去到日月潭是非常不容易的，那可是蔣總統的度假勝地，所以消息一出，報名馬上額滿。後來孫理蓮卻突然忙不過來，告知彭蒙惠夏令營必須取消。彭蒙惠心想這樣不好，營隊通知都已經發出去了，報名的人也都很期待前往，若取消了，他們將多麼失望！於是她決定自己接下這個活動，由她來帶著年輕人們到日月潭去。從未帶過營隊的彭蒙惠，只能憑藉幼時在美國參加夏令營的經驗，戰戰兢兢地籌備並全力舉辦。那一次，為許多年輕人開啟了美好的信仰之旅。

開始用廣播傳遞福音

早年在台灣，政府對山區有著嚴格的控管，一般大眾不能隨意進入。彭蒙惠直到來台三年後，才獲得入山證，可以自由出入山區，由此開始在偏遠部落宣教。彭蒙惠常騎著腳踏車東奔西跑，她教主日學、組合唱團、舉辦各種活動，一有時間就到住家拜訪。雖然宣教事業如火如荼展開，但她認為這樣的傳教方式緩不濟急，沒有聽過福音的人還是太多，就算她有十個分身，恐怕也不夠用。她不停地思考：到底要如何做才能讓更多人聽到福音。

奔走在花蓮的山區和市區，她發覺收音機是台灣最普遍的媒體傳播工具，幾乎家家戶戶都有。每當播出廣播劇或廣播小說時，許多人都停下工作，守在收音機前聆聽。她靈機一動，心想若能用廣播的方式傳遞福音，不就能有更多人接收到上帝的旨意了嗎？這樣的想法，為彭蒙惠開啟了事業新局。

為此，彭蒙惠寫信給中國廣播公司，希望能製作一個福音節目在中廣的頻道播出。中廣很快應允，給了彭蒙惠每週日下午三十分鐘的時間，自此她開始憑藉一股熱情，製作廣播節目。為了讓廣播節目活潑多元，她設計了唱歌、短劇、講道等內容，並時時吹奏自己擅長的小喇叭，作為暖場。由於節目內容豐富有料，又是現場播出，彭蒙惠亟需要幫手。她找了一些朋友來幫忙，但邀請的嘉賓常因忙碌而無法準時赴約，彭蒙惠只得不斷地吹奏小喇叭撐場面。有一次，她一首接著一首吹奏小喇叭，吹到節目時間都快過了，嘉賓還是沒出現，讓她內心焦急不已。事後，她自我調侃說，本週節目是「彭蒙惠的小喇叭獨奏」。

除了「嘉賓無法出席」的窘境，節目現場收音也會遭遇各式突發狀況，因此彭蒙惠想改變製作節目的方式。她想，若能先將節目預錄好，再送到電台播放，不就能避免無法預料的情況嗎？為此，她花費一百元美金購買簡單的錄音設備，就在自己的住所開始錄製節目，並找來主日學的學生協助錄音。由於錄音需要密閉空間，一堆人擠在狹小的房間裡錄音，到了夏日往往熱得不得了。彭蒙惠索性在住家的院子挖了一個小型游泳池，大夥錄完音後，便一窩蜂地衝進泳池裡涼快一下。

當時彭蒙惠薪水每月一百二十元美金，支付每分鐘九塊錢台幣的節目播放費之外，剩下的，除了自己簡單的飲食生活費，幾乎都花用在他人身上。不久後，彭蒙惠獲邀協助遠東廣播公司製播兒童節目，她讓兒童詩班裡的小朋友們參與節目錄音，這些孩子深受彭蒙惠的影響，長大後也都從事宣教的相關工作，令彭蒙惠感到相當欣慰。

為了上帝捨棄再度降臨的愛情

就在這時，愛情再度臨到彭蒙惠身上。一九五四年，二十八歲的彭蒙惠遇見來到花蓮擔任義工、從事醫療服務的門諾慈善醫療小組成員羅以。羅以與彭蒙惠年紀相仿，同樣來自美國，兩人很快地墜入愛河。隔年，羅以被派到越南服務一年，他向彭蒙惠承諾，一年之後將回來台灣向她求婚，再一起回到美國生活。一年之後，羅以信守承諾回到台灣，計畫與彭蒙惠回到美國共組家庭，但此時的彭蒙惠卻猶豫了。

再三考慮之後，彭蒙惠以與上帝有約的理由拒絕羅以。她明白，已經二十八歲的自己，若錯過這次的結婚機會，可能自此無法踏入家庭生活。即便如此，彭蒙惠還是忍痛放棄走入婚姻。雖然羅以說過，結婚之後，他們還是可以一起服侍上帝，為上帝工作。然而彭蒙惠思索，喜愛小孩的她在婚後必定生育，且將花大量的時間親自扶養、教育孩子。那麼屆時，傳布福音的工作及廣播事業將何以為繼？若她繼續從事目前的工作，孩子又如何能親自照顧？在深入思考之下，她知道最終必須在兩者中做出抉擇，不可能樣樣兼顧。最後她依然選擇上帝，放棄羅以。此後，彭蒙惠也有過三、四次走入婚姻的機會，結果同樣無疾而終，沒有任何事情能戰勝她對信仰的堅持。彭蒙惠從不後悔自己的決定，她說：「我不會後悔，就算重新選擇一次，我還是會選擇與上帝的約定。」她繼續笑著說：「雖然我沒有生養小孩，但我現在是很多人的媽媽啊！」

由後山至前山，從台中到台北

廣播節目愈做愈好，內容不斷擴展、推陳出新，彭蒙惠希望邀請更多不同類型的來賓上節目進行訪談交流。但是花蓮交通不便，有些貴賓因為這樣無法受邀，加上這時的錄音場地已不敷使用，她開始考慮搬遷到一個交通便利的地方。一九五七年，彭蒙惠計畫將廣播室搬遷至台中，依照協同會的規章，事工提案需由負責人自行募款，彭蒙惠決定回到美國。

回美勸募時，遇到了同一間教會的朋友李恩祺，他聽了彭蒙惠描述在台灣的廣播工作後，躍躍欲試，告訴彭蒙惠想到台灣幫忙她。彭蒙惠原以為李恩祺只是開開玩笑罷了，當時李恩祺已結婚生子，在政府機關也有相當穩定的工作，沒有道理放棄原本的一切到人生地不熟的台灣來。彭蒙惠萬萬沒想到李恩祺真的辭去工作，帶著全家大小一起到台灣定居。

一九五八年，彭蒙惠將錄音工作室搬遷到台中，李恩祺也帶著全家人來了。李恩祺以無比的熱情和工程技術長才，成為彭蒙惠廣播工作上的最大助手。他不僅負責錄音器材的保養維修，音樂方面也頗有造詣。李家六口都是音樂家，李恩祺吹奏喇叭，妻子李明惠彈鋼琴，四名子女各能演奏不同的樂器，全家大小都在「協同廣播中心」一起打拚。

與此同時，政府相關單位傳出有意在台北設立電視台的消息。彭蒙惠的廣播節目雖已步上軌道，她和李恩祺卻注意到，在不久的將來，廣播節目恐被電視節目取代，成為媒體傳播主流，唯有進軍電視節目，才不至於被時代潮流所淘汰。於是彭蒙惠在一九六〇年將廣播團隊遷到台北士林，一行人擠在一間租來的小房子裡，一邊做廣播節目，一邊克難地過生活。

錢不夠用的日子，彭蒙惠只得變賣自己的財產。直到她已經沒什麼東西可以賣了，眼角一瞥看到父親送她的薩克斯風，她心裡動搖了：這是父親送的，也是她與爸爸之間唯一的連結了，難道連這把樂器也留不住？轉念一想：父親早已不在人世，自己又不常吹奏薩克斯風，留著它用處不大，何不乾脆變賣掉，為上帝服務呢？一想到這裡，便咬牙將父親留給她的遺物賣了。

雖然經濟並不寬裕，但是福音廣播的事工卻有發展的極大空間。彭蒙惠和李恩祺得到西雅圖母會的支持，決定離開「協同廣播中心」，成立「中華救世廣播團」，並在中山北路租下一棟二層樓的房子，開始了獨立奮戰的宣教事業。

「中華救世廣播團」經常面臨資金不足的窘境，月底常發不出薪水。李恩祺甚至典當家具、賣掉摩托車，以添補廣播團隊所需費用。為此，彭蒙惠總是最後一個領薪水，她認為自己只有一個人，用到錢的機會不多。當廣播團隊嚴重短缺經費時，她甚至分文不取。幸而彭蒙惠得到不少人的協助，同事們像一家人一樣，四處兼差工作，分攤開銷，因此一次次有驚無險地度過難關。

美國政府得知彭蒙惠講得一口流利的中文，有意派她到越南從事與當地華人溝通的工作，開出每個月兩千元美金的高薪，想要聘請她。兩千美元對當時的彭蒙惠來說是相當龐大的數字，若她接下這個工作，不僅廣播節目所需的開銷有所著落，就連宣教的經費問題亦能全數解決，為此彭蒙惠相當心動。然而這時有個聲音在彭蒙惠心底響起：「我不是要妳為我傳福音嗎？妳難道不相信我會幫助妳的一切所需嗎？」彭蒙惠驚覺，那是上帝在對她說話，要她專心為上帝服務、傳福音。於是彭蒙惠婉拒了美國政府的邀約，放棄薪資優渥的工作機會，繼續留在台灣從事她的宣教志業。

「空中英語教室」正式成立

一九六二年，廣播節目「救世之音」正式開播，除了傳播福音外，也介紹音樂。就在同一年，教育部委託復興電台製作一個英語教學節目，廣播經驗豐富、發音清晰的彭蒙惠自然成了製作該節目的不二人選。英文在當時的台灣並不普及，彭蒙惠常在國際場合中見到台灣學生因為英文不佳，不敢與外國人交談，因此錯失了許多和外國朋友交流的機會，讓她覺得非常可惜。有鑒於此，彭蒙惠毅然接受這項邀請，決心投身英語教學領域。

彭蒙惠計畫用活潑生動的方式進行英語教學，她不願以反覆誦唸「*This is an apple*」這般刻板的教學方式，或者是較為嚴肅的文法規則講解。而是規劃一個教室的概念，打開師生的對話空間，雖然聽眾無法立即發問，但可以由節目中的學生代替收音機旁的聽眾發言。而內容要教什麼？何不教些時事呢？可讓英文跟我們的生活結合啊！彭蒙惠認為英語是人與人之間的溝通工具，她希望藉由英文幫助國人認識世界，獲取更多新知，於是專屬彭式的生動英文教學便這麼展開了。

當時台灣少有英文補習班，透過廣播節目學習英文是最便利又省錢的方式。一九六二年八月一日，「空中英語教室」正式開播，彭蒙惠親自擔任主持人，從此「空中英語教室」成為台灣所有學習英文的學生必聽的廣播節目。

彭蒙惠堅持教授給大眾正確、優雅的英文，且要屏除非正式的俚俗用語。她相當用心地製作英語教學節目，內容涵蓋新聞、教育、遊戲、文學、科學、醫學、節日、文化等，幾乎無所不包。每個月，彭蒙惠都要讀十本以上的雜誌，將她吸收到的新知，寫成一篇一篇的文章，並製作成節目內容。早在三十多年前，空中英語教室便已介紹「微波爐」、「地球村」、「腦部斷層掃描」等知識。優質的教學贏得各界名家的讚賞，一九六九年，「空中英語教室」獲得教育部文化局頒發的「優良廣播節目金鐘

▲1969年獲得金鐘獎

獎」。

彭蒙惠也出版雜誌來搭配不用錢的廣播節目，一開始發行的《空中英語文摘》較為簡陋，採單張雙面印刷形式，一份收費一元。到了一九七四年，黑白印刷的《空中英語教室》雜誌出版。一九七七年，《空中英語教室》雜誌轉而採用彩色印製，一直到現在。

擴展事業版圖到電視節目

一九六二年十月，國內首家電視台「台灣電視」正式開播。台視開播後，計畫第二年能有個音樂節目在頻道上呈現。一九六三年，以「救世傳播協會」——簡稱「救傳」——登記為財團法人的彭蒙惠團隊，得知有機會上電視，便企劃一個結合唱歌、短劇、講道等方式，名為「天韻歌聲」的節目。企劃案送出去後，原本也不敢抱太大希望，卻在眾多申請案件中雀屏中選。

當時在電視台製作一個節目，必須支付一千美元的「播出費」。一個月只有一百二十元美金收入的彭蒙惠哪裡負擔得起？不可思議的是，明星花露水的老闆在此時來到「救傳」，表示願意贊助製作福音節目的費用，就這樣，初期的播出費有了著落。「天韻歌聲」於三月八日正式開播，引起熱烈迴響。逐漸知名的「天韻詩班」，除了廣播工作以外，也在彭蒙惠親自帶領下，積極在海外各地巡演。

一播就是三年的「天韻歌聲」，在當時受到許多熱烈的迴響，但是卻一度遭到停播，原因不明。台視沒有想到的是，此舉引發觀眾熱切詢問，也驚動了一位大人物。某天，台視接到當時的總統夫人蔣宋美齡撥打來的電話。電話中，蔣夫人表示自己非常欣賞「天韻歌聲」，想知道台視將此節目停播的原因。就在各方的關切下，三個月之後，「天韻歌聲」又復播了。

「救傳」就在同時經營廣播與電視節目的努力中，事業體不斷擴大。很快地空間又不敷使用，他們開始思考買一塊自己的地，蓋自己的房子。經過友人的介紹，他們看中一塊位於大直的土地，但所需經費龐大，彭蒙惠只得再次前往美國募款。

出發前往美國之前，加拿大一所教會邀請彭蒙惠到當地演講。其實彭蒙惠連到加拿大的單程機票錢都快要付不起，等於是兩手空空前往。但彭蒙惠很樂觀，她想：演講完，至少主辦單位會提供一些演講費！結果一講完道，除了教會人員遞給她一個信封，同時還有一位中國人上前，激動地表示他一定要奉獻出兩千美元，因為彭蒙惠為華人做了這麼多事情！因為這些捐獻，彭蒙惠飛往紐約募款的機票有了著落，甚至還可以撥部分作為購地的基金。

即使有費用進帳，為了多省一些錢下來，彭蒙惠在美國那幾天，過得異常艱辛。她捨不得住飯店，經常睡在租賃來的車子裡，隔天即使腰酸背痛，也拼命提起精神拜訪企業家，請求他們的捐獻。開口要錢並非易事，尤其彭蒙惠本身是個內向的人，她只能不斷鼓舞自己：「我是在為上帝做事！」在碰了不知多少釘子後，最後順利獲得《時代雜誌》創辦人五千美元的贊助，以及幾個基金會的支持。她終於鬆了一口氣，雀躍地回到台灣。沒想到這筆錢遠遠不夠，最後還是透過廣播和電視節目，以及各地信徒熱心的奉獻，才得以付清土地的費用。一九六五年，「救傳」繼續透過募款，買下了經展會拍賣的力霸鋼架，在圓形建物中建設了「環球廳」小劇場、錄音室、攝影棚和辦公室，隔年正式啟用。從一九六〇年搬赴台北，歷經六年，「救傳」終於有了他們在台北的家。每週六，彭蒙惠都在環球廳舉辦「青年音樂晚會」，讓學生們以音樂、英文彼此交流。

有了自己的辦公大樓後，彭蒙惠在廣播、電視界的發展更加得心應手。以「空中英語教室」為基礎，彭蒙惠於一九七七年進入電視台主持「世界英語」節目。此外，她也廣邀各界的大師級人物共同參與節目播出。幽默大師林語堂一向讚賞「空中英語教室」的內容，不但友情協助彭蒙惠錄製節目，兩人還因此成為好友。

教學佳評如潮，奉獻獲得肯定

彭蒙惠的英語教學獲得國內各界廣泛肯定，就連中華航空公司也邀請彭蒙惠為空服員們上課。原本只預計與華航合作三個月，由於反應奇佳，一做就做了五年。除了華航，許多政府機關學校亦請彭蒙惠前去授課教學。彭蒙惠並在當時蔣總統邀請下，開授英文課程，以提升軍官們的口說能力。彭蒙惠活潑的教學方式，讓原本

▲彭蒙惠與「世界英語」節目

嚴肅的將領們也能放下身段，以輕鬆的方式學習英文，這是非常不容易的。受惠於空中英語教室廣播教學的人不計其數，他們當中有政商名流、地方首長、立法委員，也有名不見經傳，在彭老師幫助下得以出國深造的小人物。

美國一家平面媒體如此形容彭蒙惠：她的貢獻遠超過一所大學。對此，彭老師卻異常謙虛，她曾自我調侃地說：「我的英文老師如果知道『我』當了英文老師，肯定會被嚇壞。」彭蒙惠其實並未受過任何專業的英語教學訓練，空中英語教室的一點一滴，都是彭蒙惠帶領大家在錄音室裡磨出來的，或是邊讀雜誌邊撰寫文章中練出來的。

一九六九年開始，彭蒙惠獲獎不斷，除了師鐸獎、金鼎獎、台北市榮譽市民獎，甚至當選全國「好人好事代表」，擁有四個榮譽博士學位。雖然獲獎無數，她仍一本初衷，並不驕傲自滿。為了回饋社會，她也關懷犯罪被害人、設立「彭蒙惠教育獎學金」、到偏鄉舉辦英語夏令營。彭蒙惠像個精力永遠用不完的孩子一樣，不斷思考自己可以為夥伴做些什麼？為台灣社會奉獻些什麼？來台數十年，她已經被國人當成自己的同胞看待，這也是她心中最大的滿足。

彭老師小故事

樂觀風趣、沒有老闆或名人架子的彭蒙惠，總是不給人壓力，用正面的態度鼓勵工作夥伴勇於嘗試及接受挑戰。她對新鮮事物永遠充滿好奇心，對想做到的事絕不輕言放棄。這樣的性格從她一度在甘肅服務的經歷就可窺出端倪。

回溯彭老師初到中國時，因逃開戰火暫居平涼，儘管宣教士們和當地人語言不通，但彭蒙惠還是想盡辦法，用吹喇叭、比手劃腳等方式邀請當地人到他們成立的家庭小組來，介紹上帝給當地居民認識。面對和善的宣教士們，居民雖然不太理解意思，但都報以點頭、微笑來回應他們。當地人總愛不時地來一碗羊肉湯，還要配上厚實的鍋盔餅（槓子頭），一口羊肉湯、一口鍋盔餅，便感到心滿意足。彭蒙惠對羊肉湯和鍋盔餅的滋味相當好奇，顧不得天氣炎熱，她還是嘗試一番。

▲彭蒙惠傳記，2010出版

逃抵蘭州時，適逢彭蒙惠的生日，喜愛吃冰淇淋的她決定給自己一點犒賞。雖然她的夥伴都認為在蘭州不可能找得到冰淇淋，她還是不死心地騎著腳踏車冒著風沙，在蘭州僅有的幾條街上不斷探詢。最後總算讓她找到了蘭州特色的「冰淇淋」，她開心地說，無論如何這總是冰的啊！

戰火逃亡後已過數十年，過去的回憶如夢般飄逝。但彭蒙惠還是一個樂於吸收新知、勇於接受挑戰、永遠充滿好奇心的大女孩。即使年過五十歲，她照樣學浮潛、打電動遊戲、玩牌，還上網結交世界各國的朋友。對於這個世界她始終熱情洋溢、興致勃勃。對於工作上的同仁，她總是鼓勵對方，放手讓對方去做。當員工提出什麼建議給她，她只簡短回一句：「你何不去試試看？」在這樣的鼓勵下，激發出許多人不少潛能。

因為自己沒有孩子，親人也都在美國，她把公司夥伴都當成自己的家人。例如「天韻詩班」剛開始出國表演時，經費有限的他們食宿均非常克難，但彭蒙惠偶爾還是捨得花錢，讓團員享用家鄉味。

彭蒙惠像個少女般永遠對新事物感到驚奇；又像個媽媽一樣持續守護在員工身邊；同時，她也是每一個人的老師，她不僅提升大家的英文能力，也激發各領域員工不斷開發自我。這一路走來，彭蒙惠遭遇不少險阻災厄，但她擁有強韌的信仰，總能以正面的心態面對所有挑戰。

一路辛苦過來的「救傳」，在納莉颱風侵台之時，面臨很大的挫敗。嚴重的水患導致公司錄音室、錄音器材嚴重損毀，公司損失將近六千萬元，但「老闆」彭蒙惠第一時間想到的不是財物，而是同仁的安全。颱風過後第一天上班，看著面目全非的辦公室，員工沒有一個不沮喪的，甚至有人掩面哭泣了起來。彭蒙惠一到現場，員工們紛紛圍了上來，不知道老闆對此處境會有什麼反應。結果彭蒙惠鎮定地指揮大局，一點都沒有流露出被打敗的樣子，她信心滿滿地鼓勵大家：「我們人還在，上帝會為我們預備。」接著帶大家一起唱詩歌、禱告，想盡辦法讓員工提起精神來。在她精神力量的感染下，員工不再悲嘆，人人挽起袖子，一同洗刷清洗他們的家園。

與彭蒙惠接觸過的人，總是有如沐春風、溫暖無比的感覺。不論是英語教學或傳道方面，乃至於在工作場所受到彭蒙惠的鼓勵激發，可以說在一甲子的台灣裡，有無數人受到她的影響！有關彭老師的小故事，是說也說不完的。愈是瞭解她的諸多事蹟，愈會從心裡產生一個想法：她的一生就是個傳奇！

幼時的一個願望，日後竟深深地影響如此多的人、事、物，或許這是彭蒙惠始料未及的。她對信仰的堅持，對自身使命的熱情，從來沒有因為歲月的流逝而消弭，反而更加堅定她的心志。彭蒙惠總是笑說：「我只是個平凡人。」但她所做的每一件事，都讓她的平凡顯得不凡而偉大。彭蒙惠的傳奇生命歷程，將廣傳台灣，以她無私的奉獻之心為主軸，持續被書寫下去！

◀彭蒙惠老師小檔案

時間	事蹟
一九二六年	八月五日出生於美國西雅圖
一九四三年	獲紐約伊斯特曼音樂學院獎學金；進入辛普森聖經學院就讀
一九四七年	加入協同會
一九四八年	初抵中國上海
一九五一年	抵達台灣花蓮；創辦「偕同廣播中心」
一九六〇年	遷居台北；成立「中華救世廣播團」

一九六二年	廣播節目「空中英語教室」開播
一九六三年	更名「救世傳播協會」；成立「天韻詩班」；製作電視節目「天韻歌聲」；受國立藝專聘請為管樂教授
一九六九年	「空中英語教室」獲教育部頒發「優良廣播節目金鐘獎」
一九八一年	電視節目「大家說英語」開播
一九八四年	獲頒全國優良教師「師鐸獎」特別獎
一九八九年	獲新聞局頒發「金鼎獎」特別獎
一九九四年	成立「彭蒙惠教育獎學金」
一九九六年	榮獲台北市榮譽市民獎
二〇〇二年	獲中央政府授予「永久居留證」，並獲頒「紫色大綬景星勳章」

平反冤獄、捍衛人權的邱顯智律師

面對國家強權的霸凌，他用堅毅的鬥志挺身抗爭，
然而生活層面，卻是無可救藥的浪漫與樂觀主義者。
他是邱顯智，深信只要持續糾正「不公義」，
未來社會必可迎來正義的新生代律師。

村上春樹曾在耶路撒冷文學獎頒獎典禮上說道：「在堅硬的高牆和雞蛋之間，我永遠站在雞蛋那方。」堅硬的高牆可能是握有強大武器與權力的國家，也可能是高大難以動搖的「體制」，雞蛋則是有著脆弱外殼的靈魂。而站在脆弱的一方，與雞蛋一同抵抗高牆，正是屢屢涉足義務辯護律師工作的邱顯智的信念。

記憶猶新，民國一〇二年夏季熱浪中，一場完全由公民自發性參與的白衫軍遊行，震撼全台。那是一場公民與國家權力的對峙，手無寸鐵的庶民，除了仰賴媒體曝光，更需要背後專業法律顧問的支持。就是年輕的邱顯智律師等人，為此全力奔

走、分文不取，在台灣公民運動展開新頁之際，註解了這樣一段抗爭。

農人與工人之子

邱顯智生於嘉義竹崎鄉，是典型的鄉下小孩，父親在嘉義農專執教鞭，母親在工廠工作，祖父母都是果農。每到假日，全家人就會回到山上務農，農作時，孩子的他也要幫忙栽種龍眼、灑農藥；休息時，他就邊攪農藥邊吃便當，同時閱讀像《齊瓦哥醫生》、《西線無戰事》這樣的大部頭書籍。讀這些書並非假裝自己是文藝青年，實在是因為鄉下生活百般無聊，這些書頁數多、內容艱深，可以耗很多時間。就是在這樣的情況之下，培養了他閱讀的興趣。愛看小說的他，也因此能對許多身邊的事物產生同理心，間接埋下了他日後成為人權律師的種子。

在漫長的暑假中，有時和阿公、阿嬤採了一整天的龍眼，累得像條牛一樣，卻賺不到一千元，因此他從小就明白農作並不容易，是一件他長大想到都想立即逃跑的苦差事。但是在山林間長大的他，對於土地有著深深的依賴情感，加上母親在工廠擔任作業女工，讓他自小就與農人、工人站在同一陣線，特別能感受他們的辛苦。

國中時期的他成績相當不錯，順利錄取嘉義第一志願的嘉義中學。當時會念書的小孩，家人都直覺要栽培成醫生，他也不例外地選擇第三類組，茫茫然以醫學系作為第一志願。實際上，他的興趣並非從醫，反而對史地很有興趣，且相當喜歡閱讀報紙。

因應時代大勢，當時是「廢除萬年國會」、「召開國是會議」等議題大為風行的「野百合學運」期間，報紙上多是政壇方面的消息，最常出現的幾位領導者都畢業自法律系。看著這些活躍於紙上的人物，邱顯智很自然地對法律界有了一點想像。他尤其崇拜口才極佳的台大法律系憲法學者李鴻禧教授，覺得這個人怎麼這麼會演講，且講得如此有道理！高中生的他，還特地到嘉義市中央公園去聽李鴻禧演講，對法律界的嚮往就這麼開始萌芽。

法律英雄的背後，必有其因

正式踏入法律人之路的關鍵，還是要追溯到他高中時蹺課看電影的「壞」習慣。當時的二輪戲院一次會播出兩支片子，據說其中一部若有著名的三級片女星登場，定會搭配另一部不賣座、題材嚴肅的西洋片。某次，邱顯智和同學一起上戲院，第一部上映的，是以律師為冤獄犯人伸張正義為主題的《以父為名》。看完電影後，他對於律師能夠幫冤罪之人追回公道，感到相當動容，兩行熱淚緩緩流下。當身旁友人急忙拉他趕下一部三級片時，他心中正氣凜然，覺得自己和隔壁這位高中男生彷彿處在不同的世界，對於律師撼衛正義的嚮往油然而生！

高中時期並未花太多心思在課業上的他，不意外地在聯考落榜，淪為重考生一枚。而這一次，他決定追隨自己的理想，報考法律系，可能是因為符合自己的志趣，他隔年便順利考上中興大學（現台北大學）法律系，北上就學。

邱顯智最為人所知的事蹟，就是為弱勢者出庭；在各項爭取正義的街頭運動中，也從來不乏他的身影。因此大多數人以為他一定從大學時期就是一名熱血青年，積極投入社會運動。讓人意外的是，在考上法律系後，他的重心依舊不在課業上，宛如劉姥姥進了大觀園，面對都市新奇的事物與花花世界，他忙著探索與玩樂，加上他迷上登山，課業成績一直處於後半段。雖然愛讀書，讀的都是課外書，也甚少參加社運。

大學四年級那一年，他考上軍法預官，本來都準備好要去當兵了，結果同時也錄取了中興大學（今台北大學）法律研究所。既然研究所榜上有名，決定「隨緣」繼續念研究所。研究所一念就是四年，期間也「不小心」考到了律師執照。在法律這條路上，他乍看走得不太用心、也不甚執著，但套用電影《模仿遊戲》中的一句話：「有時正是你最意想不到之人，做到了超乎常人能想像得到之事。」研究所畢業後，以軍法官身分當兵的他，到了台南監獄服役，遇上一件令他極為震撼的冤案事件。

從冤案看見人權律師的萌芽

在服役的監獄裡，邱顯智認識了一名受刑人王瑞豐。王是被指控搶劫而入獄，但他頻頻喊冤。某個夜晚，邱顯智拿起該案例翻閱，這一讀，讓他冷汗直流，再也無法成眠。

事件發生於人來人往的六合夜市，一名婦人被兩名歹徒騎機車搶了錢包後，慌忙之中記下了犯人的車牌號碼，而這車牌號碼的主人便是冤案的受害者王瑞豐及其友人。當時監視器尚未普及，靠著被搶劫婦人的單方面描述，王瑞豐與友人被逮捕，兩人都沒有前科，亦有不在場證明，但警方還是將兩人移送法辦。

由於當時王瑞豐正在服役，必須使用軍法審判，他的友人則適用普通審判。審判過程中，普通法院列舉十多項原因，說明被害人指證錯誤，最後王瑞豐的友人被判定無罪。但王瑞豐卻沒那麼幸運，在軍事法院審判之下，王瑞豐被判五年入監服刑，儘管上訴，仍得不到應有的正義，最終被關了兩年多才假釋出獄。送他出獄的那天，邱顯智不禁留下眼淚，因為冤獄就這樣在他眼前真實上演，而他竟是這個造成冤獄的司法體制中的一份子。從此，他在內心立下要廢除軍法審判的志向。

生命中的兩位導師

退役後，由於研究所時期受到導師陳愛娥的影響，加上台灣法律承襲德國，他決定到德國念博士。在德國海德堡大學的六年，他學到了各項法學知識，更深切體會到西方的法治精神。拿破崙曾說：「法國只有一種正義，你首先是一個公民，其次才是一個士兵。」這樣的精神深深震撼著邱顯智，因此更加堅定了他畢生投入改革台灣司法的決心！

就在完成學業的前一刻，命運之風吹動了他人生的路標。先是指導教授過世，論文必須打掉重建，加上他的女兒出世，使他不得不做出停下學業、提前進入職場的決定。當時他已確立邁向「人權律師」的理念，而在閱讀《無彩青春——蘇建和案十四年》這本書後，深受感動，對於為了蘇建和案奮鬥多年的律師羅秉成相當欽仰，決定寫信到羅秉成律師事務所，希望能在他的手下學習。受到羅律師首肯後，他便進入其麾下工作。

在羅秉成旗下工作的期間，他看見羅律師致力於平反冤案，對於弱勢的對象願意花更多時間傾聽且分文不取。也許很多人認為偉大的律師就是要打贏很多官司、賺很多的錢，但在羅秉成的身上，邱顯智看見的是為他人付出、受到民眾與同業敬重的偉大特質。於是邱顯智決意自己的律師生涯要走上「武功高強、受同業尊敬」這個方向。儘管他也一度動搖，但最終仍是回到符合自我理念與價值的領域裡，並且挑選了較為艱難崎嶇的自我開業道路。在接案之外，他更投身公益活動，並致力於冤獄案件的義務辯護。只要是具有公益性質的案件，他便分文不取。

為雞蛋而戰

邱顯智心中立下這樣的期許：台灣的未來，不再有冤案。所以還不到四十歲，開業不過兩、三年的邱顯智已經參與了眾多重大的人權議題案件。包含鄭性澤案、梨山老農案、大埔陳為廷丟鞋案、苑裡反瘋車案、全國關廠工人案、洪仲丘案、太陽花學運等，其中最受媒體矚目的，便是關廠工人案與洪仲丘案。

關廠工人案可溯源於民國八十五至八十七年間。當時多家紡織業、電子工廠惡性倒閉，使上千名工人一夕失業，拿不回被積欠的資遣費，工作大半輩子應得的退休金也血本無歸。為了自救，工人們組成

▲參與社會運動的邱顯智

「全國關廠工人連線」並進行抗爭。在工人們做出臥軌等激烈抗爭後，好不容易讓勞委會（今日的勞動部）於民國八十六年催生了「關廠歇業失業勞工創業貸款」和「關廠歇業失業勞工再就業補助」等具有代位求償精神的法令。政府自就業安定基金提撥經費，以「貸款」的形式，先行發放工人被積欠的資遣費以代償，並承諾雖名為貸款，但未來工人不須償還，政府會去向雇主追討。

這樣的處置雖然暫時安置了工人的生活，然而，勞委會當時只是口頭允諾，並沒有留下白紙黑字來證明這筆錢是行政上的社會救助，而不是私法貸款。因此國家認定，這些貸款與補助必須由工人來清償，陸續也催工人還款，但並沒有強制執行。到了民國一〇一年，由於「關廠歇業失業勞工創業貸款」的十五年追訴期將近，而當時借款的一千一百零五個人當中，尚有六百二十五人無法還清貸款，因此勞委會便發函催繳，甚至編列兩千多萬的預算，要對未還款的六百多人提起民事訴訟，成為第一宗「官告民」的追款爭議。

這六百多個勞工家庭當中，不乏生活清苦、亟賴社會救助者，面對國家權力的壓迫，欲哭無淚。桃園縣產業總工會負有守護勞工的職責，於是大量諮詢各方律師，請求解決之道。但所有的回應都是「的確是借貸契約」、「這沒有辦法、沒救了！」若要提起訴訟，又負擔不起龐大的訴訟律師費，只好上網徵求義務律師，邱顯智就在這時如救命稻草般地出現了！

某天，邱顯智在苦勞網看到這個訊息，馬上主動與工會聯繫。他認真研讀過案子後，認為這些錢比較接近國家行使公權力給工人們的「津貼」，不應該被追回。此外，當時這些損失慘重的工人們，很多人都還沒有獲得惡性倒閉工廠的賠償，處境艱難，此時卻要他們拿錢出來還給國家，於情於理都讓人難以接受。邱律師第一次與公會代表見面時，談論及此，眉飛色舞，自信滿滿，認為必可勝訴！然而當對方說出這件案子共六百三十件被起訴，他頓時僵在原地。一般情況下，一位律師一年也只能處理二、三十件案子，這光靠他一人之力實在難以負荷。

於是他開始積極找幫手，四處尋訪拜託。即使是初次見面、剛認識的律師，他也熱血沸騰地邀約對方加入正義的戰鬥行列。不可思議的，最後律師團的人數竟超過五十人，都是年輕新一代三、四十歲的律師，其中多數人跟他沒有太多交情，卻一口答應協助這個沒有錢拿的案子，讓他永生難忘。

邱顯智四處奔走，向許多公法專家諮詢，舉辦公聽會，並實際去了解關廠工人的困境，在法庭上將這些故事傳達給法官。而自願加入的年輕律師們也不遺餘力、甚感光榮地在法庭上接力奮戰。終於將此案從民事法庭裁定，轉到公法行政庭。並且在民國一〇二年底，在台北高等行政法院獲得勝訴的判決！當天，邱顯智在媒體面前，激動地流下熱淚，他不是為了自己的勝利而激動，而是想到身為當事者的工人們為此委屈了十多年，卻毅然堅持至今，這樣的人格令他感佩！

儘管在爭訟過程中，有許多工人在正義未實現之前就含恨而終，且先前已還貸款的工人也拿不回那筆他們「原本就不該還」的金錢，但這場戰爭卻是雞蛋對上高牆的勝利之役，讓邱顯智更加堅定自己的信念。

▲關廠工人案勝訴！

照亮他人生命的發光體

正當邱顯智為了關廠工人案忙碌奔走之際，同年七月，洪仲丘命案爆發。一名男子在退伍前夕，遭軍方刻意關禁閉，並以不人道的操練方式，使其身體不堪負荷，最後不幸身亡。家屬得知此事後，第一時間除了感到悲慟，更想知道事情發生的經過，釐清事實真相。著手調查，卻發現背後黑幕重重，軍檢更有消極、滅證的傾向。

起初洪家委任一名律師協助，但這名律師卻勸洪家跟國防部和解。洪家人不願意就此放棄，洪仲丘的姐姐洪慈庸透過友人向東吳大學法律系胡博硯助理教授求救。胡博硯審視該案後，馬上致電曾參與大量冤獄案件的學長邱顯智。邱律師一口答應加入，並認為這件案子需要大量義務律師一同協助，才能對抗龐大國家機器下的軍法制度。於是在他的努力下，先向同參與關廠工人案件的劉繼蔚律師發出邀約，又聯繫另一位關廠工人義務律師李宣毅，兩人都在第一時間表示「此案關係重大，自然是義不容辭」，讓邱顯智既感謝又感動。他也趕緊拜託時任台權會長的顧立雄律師協助，獲得顧律師首肯，願意加入，整個顧問團的陣容愈發堅強。而後在社會熱切關注下，持續有新血律師加入，最終組成了十人的律師團。

洪案期間，邱顯智等人長時間陪著洪家人討論，一起思考如何找出真相。邱顯智甚至因為太過認真思考案子，在時速十公里的情況下發生車禍，足見其投入的程度。這段期間四處奔走，每天只睡四小時的邱顯智卻不以為苦，因為當年他見識到的第一件冤案，就是在軍法制度下的產物，是他立誓要打倒的權力怪獸。

終於，在洪家人——特別是洪家姐姐洪慈庸，以及眾位律師努力不懈之下，加上強大民意力量的聲援與支持，而有了重大的勝利：除了催生「洪仲丘條款」，讓國軍刪除了禁閉制，並調整軍士、官、兵懲罰規定，更重要的是，台灣自此廢除了軍法審判制度！這是不可

▲洪仲丘事件抗議現場（攝影：李忠衡）

思議的民眾勝利！這個勝利儘管換不回洪仲丘的生命，卻能避免第二個洪仲丘事件發生。

其餘的梨山老農案、大埔陳為廷丟鞋案等，均可見到邱顯智為了雞蛋與高牆抗爭的身影，同時也能發現他在面對每一個案子時，都能夠以「感同身受」的方式為受害者辯護。與一般律師長於引用法條、講道理不同，邱顯智認為「文本之外人的故事」才是重點，甚至認為若法官只會對照法條，而忽略了案件中的「故事」，便會做出與一般人認知差距過大的判決，也就是恐龍法官。

他是如此地願意付出而不求回報，但有許多受他協助的被害人卻主動想給他報酬。洪仲丘案的洪爸爸某次便偷偷地將邱顯智叫入小房間中，隨即拿出一袋錢，要邱顯智等義務律師拿去作為車馬費，他嚇得爬腿就跑，洪爸爸緊追在後，最後還是讓邱律師逃上車跑了。邱顯智將這次經驗戲謔為「比賺錢更爽的事，就是跑給錢追」。

邱顯智活力十足、積極為正義奉獻的性格，也讓他身邊不乏一同從事義務辯護的夥伴，在洪仲丘案過後，邱顯智與李宣毅、劉繼蔚這兩位均曾為關廠工人與洪仲丘出力的夥伴合夥成立「雪谷南榕法律事務所」。「雪谷」是蔣渭水的號、「南榕」則來自鄭南榕，希望為了自由民主而戰，也吸引了不少志同道合的律師加入。

從政是為了實現正義

懷抱理想主義要改變社會的邱律師，從未停止對社會亂象的關注，於是，在時代力量政黨的推舉下，他做出參選新竹市區域立委的決定。一名律師要參政，他多數的親朋好友均抱持反對意見，認為「政治黑暗，選舉更是有錢人才玩得起的遊戲」，勸他不要去淌這渾水。但就如同許多律師選擇走向主流、以賺錢為目的，他卻反其道而行，以賺不到錢的義務辯護律師為人生志業，艱難但正確的道路，才是他願意長久行於其上的。

正因為他是律師，在眾多案件中看見擁有國家權力者逼死弱勢的平民

▲立志成為時代的力量

百姓，警察用警棍毆打手無寸鐵的學生，國家用人民的稅金聘請龐大律師團起訴貧苦的工人……他認為該是法律行動的時刻了。身為新竹居民的他，看見新竹市選出的國會議員用公權力干涉學術自由、扭曲婚姻平權法案內容、狀告「割闌尾」的學生，更以刪除預算的方式干涉司法，種種行徑讓他憤恨不平，於是決定透過參選來實現社會正義，為弱勢發聲！

從他看見第一件冤案，為了被害人落淚開始，就已經決定他會成為一名好律師，而這樣的好律師也許無法讓他像其他同業一樣賺取高額薪水，過著生活無憂的日子，但卻踏實地走向了他「師父」羅秉成的道路：成為受人敬重、對得起自己良心的人！

同時也致力於保護犯罪被害人的邱顯智，已經擔任多年的「犯罪被害保護協會」義務律師，不管掌聲的大小或媒體的鎂光燈在何處，他只是一直做著自己認為對的事，貫徹自己的正義，而他悲天憫人的性格，將他的專業裹上一層溫暖的外衣，在與惡勢力對抗時，也溫暖了被害者的內心。

不畏強權、勤懇用心的媽媽法官：鄭麗燕

正義不是嘴巴說說，行動中才見真章！
將母親護衛孩子的心，擴展到社會及大眾。
法律縱然不是完美的人造產物，卻可以因為「人」的用心，
真正幫助辛苦的家庭、流淚的庶民。

電影《復仇者聯盟》上映後，在全球掀起一股英雄旋風，各式周邊與衍生創作層出不窮。這類英雄電影每年總是會有幾部，而且英雄種類不斷推陳出新，從逞兇鬥狠的街邊混混到試圖毀滅地球的外星人，只要起了歹念，在他們的惡行實踐之前，正義的使者就會出現，拯救世間萬物，大快人心。而這類型電影亮眼的票房表現，是否正代表著人民心中總是渴望正義實現、邪惡勢力能夠被擊潰呢？

但在現實生活中，善惡並非總是涇渭分明，而正義的彰顯，也不是「將壞人繩之以法」這麼單純。為社會實現正義的司法體制下，有賴在多方領域勤勤懇懇、耐

心為人民解決困境的司法人員。他們大多不為人所知，孜孜不倦地堅守自己的崗位，勉力貫徹司法正義。在這當中，最足以作為模範的，即是鄭麗燕法官。

若不知曉鄭麗燕的法官身分，她看起來就與一般在菜市場廝殺、為一家溫飽錙銖必較的家庭主婦無異，但實際上她同時也是為了受害者錙銖必較的正義化身。會走上法官這條路，與她的家境、父親的影響，有莫大關係。

「免費服務民眾」的鍛鍊

民國四十年，鄭麗燕出生在海港城市高雄，在兄弟姊妹七人的家庭中排行第四。在那個台灣舉國皆窮的年代，一戶九口的鄭家，更顯得貧困窘迫。小學五年級那一年，因為經濟考量，母親為難地表示希望鄭麗燕放棄學業。年紀小小的她卻不願意失學，因為她深信只有教育能改變家中的貧困。她堅毅地對媽媽說：「寧可不吃飯，也要讀書！」在女兒堅定的眼神中，母親屈服了，這個決定改變鄭麗燕的一生。

鄭麗燕的父親受日本教育長大，經常告訴家中孩子日本法官辦案的公正事蹟，她受到父親啟蒙，從小立志當一個法官。在她考大學的那個年代，法律系並不熱門，但鄭麗燕仍毫不猶豫地選填所有學校的法律系，最後進入東吳大學。能夠持續學業至今相當不容易，因此鄭麗燕非常認真上課，用心學習，筆記寫得一絲不苟，成為同學間爭相借閱的對象。

大二那一年，東吳大學成立了全台灣第一個「法律服務社」，提供無法負擔律師費用的民眾免費諮詢法律問題，鄭麗燕成為社內年紀最輕的成員。大四、大五的學長姐將收發信件、對外聯繫等瑣事交給這個小學妹，因此鄭麗燕每天負責收信、拆信，然後將案件分類、交給學長姐答覆，最後再由她回信給當事人。民國六〇年代，台灣的各項發展都在起步，當時唯一的電視台——台視，得知東吳法律系學生成立一個為民眾服務的單位，特地前來採訪，負責接待的鄭麗燕就這樣光榮地上了電視。

媒體關注僅帶來一時的飄飄然，記者離開後，每一天的諮詢業務才是奮戰的實質。成立過後不久，學長姐一個個因為課業忙碌，逐漸淡出。一開始鄭麗燕感到不知所措，沒有經驗豐富的學長姐協助回信，這個社團恐怕撐不下去。但都已經接受專訪、上了電視，豈可讓法律服務社淪為空轉？這個想法激起鄭麗燕的鬥志：

「好，我自己來做！」於是她仔細閱讀民眾寄來的諮詢信件，以她尚不成熟的法律專業，想盡辦法回答。遇到難以解決的狀況時，她就翻閱書籍、請教師長。但信件中，更多的是瑣碎且不斷重複的問題，這時，她便敦促自己要站在對方的立場思考，不失耐心地一一認真回覆。就在努力協助民眾解惑的過程裡，她累積了專業的法律知識，以及吃苦耐勞、遇到困難也絕不放棄的強韌毅力。

民國六十四年，鄭麗燕以第一名之姿從東吳法律系畢業，但卻在法官考試中，以一分之差落馬。由於現實的經濟壓力，她只能將從小到大的法官夢想暫時擱置，先就職於哥哥的代書事務所。結婚並有了小孩後，法官的夢想更是離她愈來愈遠，一晃眼九年已經過去。某天，母親對她提起：「妳是家中唯一有大學學歷的女兒，媽媽一直以為妳會當上法官……」。這一番感嘆又充滿期待的話語，讓鄭麗燕兒時的夢想再度浮現心頭。於是她重拾起當初的熱情，再次回到考生身分。母親也不給她壓力——畢竟她已經離開學校九年，只說「看四、五年能不能考上」，結果，她第一年就考上了！

鄭麗燕事後回想，能夠在短時間內回憶起過去所學並通過考試，除了當年孜孜不倦地用功，最大的原因，想必就是大學期間將近四年的法律服務社鍛鍊。當時並沒有想太多，只是為了讓民眾諮詢的平台維持下去，因而不管功課再忙，她也堅持抽出時間一一回覆信件。結果就在這「毫無所求」的奮戰中，為自己的未來，聚積了難以想像的專業實力。

伸張正義，絕不退縮

成為法官的鄭麗燕，始終不忘幼時頻頻出現在父親口中「剛正不阿」的法官事蹟，且立志成為不受強權左右、為民眾伸張正義的「包青天」。在民事執行處服務時，鄭麗燕常要主持「法拍」，在這當中，可以看到她捍衛民眾權益、與黑道對峙的強韌決心。

台灣社會普遍存在一個現象：民眾即使購得法拍屋，也無法馬上遷入，因為不少法拍屋長年都被黑道僱人占用，民眾得標後，還得額外花一筆錢「請」走黑道。這些強制占領法拍屋者，由來已久，被稱為「法拍屋蟑螂」、「海蟑螂」，如果沒有堅毅、與其對抗到底的決心，實在拿他們沒辦法。但鄭麗燕認為既然是由法院主持拍賣，就要為此負責到底，豈可要求民眾逕自與黑道妥協？因此，一旦主持的法拍屋成交，鄭麗燕會親自前往屋子進行點交，毫不畏懼地面對「法拍屋蟑螂」。她認為抵達現場便能展現司法執行的決心，對方才會知難而退。

鄭麗燕在「法拍屋界」相當出名，在她點交收屋的現場，還會有立志考上司法官的公務員前來見習。其實，在鄭麗燕震懾黑道的正義之氣背後，更是蘊含了她柔軟的心。她總是假想：「如果自己是買屋民眾的話……」，以此立場，就不該讓買方吃虧、受苦。

在她處理過眾多的「拆屋還地事件」中，更有這麼一起案子，讓她奠定了「司法鐵娘子」的地位。當時，土地銀行位於台北市康定路的一筆土地被陳姓人家無權占用，民國七十五年法院判決拆屋還地，但陳家人不僅不從，甚至為了抗拒拆屋，將母親的遺體入棺並放在家中長達七年。七年過去了，沒有一位法官願意冒著「觸霉頭」的風險，去面對這樣一個棘手的案件，於是此案只能一拖再拖，拒絕拆屋還地的情況始終懸而未決。直到這件強制執行案落入鄭麗燕手中，她堅持公權力必須落實，且表明她無所忌諱。

某個早晨，她親自出馬，帶領書記官、執達員、法院法警，會同拆屋公司、土銀員工、搬家公司及萬華分局員警，一行人浩浩蕩蕩前往康定路，決意執行拆除。

起初按門鈴無人應門，於是他們破壞大門，將陳姓姐弟四人帶出屋外，接著面對的是灰塵滿布、雜亂不堪的房屋內部，棺柩就停放在一樓。滿地的金紙與香燭餘燼，加上不知擺了多久的供品，使這棟房屋透露出詭異的氣氛。然而憑著一股正義之氣，鄭麗燕面不改色地指示現場人員清空，並派人將棺木移往第一殯儀館，隨即進行拆屋。因著她的果決與無所畏懼，一件延宕多年的案件就這樣在鄭麗燕的手中完美落幕。

老案的終結者

真正使鄭麗燕「正義使者」的名聲遠播，同時也是她辦過最著名的案子，便是「鴻源案」。

鴻源案是台灣經濟史上最大的一場經濟犯罪。民國七十一年，以沈長聲為首的一千人成立了以投資為名的地下公司，也就是「鴻源公司」。鴻源公司祭出驚人的獲利名目，吸引了無數的投資人捧著大把鈔票交給他們，希望能藉此大賺一筆。短短八年，鴻源就吸金了將近一千億元！約有二十萬名投資人遍布全國，使其成為台灣最大的一家地下投資公司。

沈長聲相當善於操縱人心，他大舉吸收資金，為投資人畫出美夢大餅，但實際上什麼都不存在。不義之路必定無法行得長久，這種「老鼠會」的投資方法原本就不合法，也並非能夠長期經營的事業。民國七十八年，《銀行法》修正，檢調單位開始查緝這類地下投資公司，鴻源公司也因此發生數次擠兌風波。起初沈長聲為了穩定投資人信心，仍繼續發放利息，並加快公司合法的腳步，更在當時的中華體育館舉辦團結大會，場面極盡奢華盛大，氣氛歡騰熱烈，甚至在位於室內的會場施放沖天炮。不料，炮竹引發了火警，燒毀活動場地，宛如預告該公司榮景不再、走上末路一般。鴻源之於投資人就如同這場活動一般，起初美夢滿盈，破滅後就只剩下斷垣殘壁，不堪入目。

民國七十九年，在政府積極追查與止不住的擠兌風暴影響之下，鴻源經營陷入空前危機，終於抵擋不住頹敗的局勢。此時沈長聲等人居然讓鴻源公司惡性倒閉，近千億元的資產就這樣不知去向，只追回幾十億能還給投資人。不少投資人將畢生積蓄全部押在鴻源身上，鴻源一倒，所有財產化為烏有，許多人欲哭無淚。最後罪魁禍首沈長聲居然只被判刑七年，併科僅僅三百萬的罰金，他坐了四年牢就假釋出獄，且被周刊踢爆仍舊過著吃香喝辣的生活，還藉著脫產的手法，逃避賠償受害人的刑責。

鴻源案震驚當時的台灣，造成全國股市極大動盪，它不僅是台灣經濟史上最大的犯罪，更是當時亞洲最駭人的經濟犯罪！就這樣，鴻源案的賠償事件纏訟將近二十年，受害人依舊沒有得到應有的正義。直到負責的法官換成鄭麗燕，拖了超過二十年的鴻源吸金案才出現轉機。

十多年來，該案件已換過九個法官，但皆無突破性的進展，最終來到鄭麗燕的手上。鄭法官首先著眼的是鴻源遺留下來、被查扣的不動產，她耐心地先將當年尚未處理完畢的一百多筆土地、不動產進行法拍。為了幫債權人多爭取一些錢，她更在拍賣時緊盯鑑價公司，想方設法提高資產的底價。就這樣花了兩年多的時間，才將該案的資產全部處理完畢。

但接下來是更大的挑戰，因為法拍所得的錢，要歸還給約十五萬名受害者。由於案件拖了太多年，許多債權人已經搬家或過世，十五萬的債權人當中，約計有一萬五千人失聯，真要清查起來，將是人見人煩的龐大工程。更何況受害人數眾多，最終一人平均可分得的可能僅僅數千元。但鄭麗燕認為這不是錢多錢少的問題，而是「正義不能打折」的問題！

許多法官可能只願依債權人名冊舊址寄送公函，找不到人就將債款提存，從此消滅債權關係。但個性認真的鄭麗燕寧願挑燈夜戰，她將失聯名單展開，一個一個向戶政機關查核，開始一場場茫茫人海中的尋人任務。費盡千辛萬苦查到地址後，再親自寄送公函，希望他們提供帳號，好讓法院匯款。寄出的信函竟達一萬五千多封！

民國九十八年以來，台灣社會詐騙案件頻繁，許多收到公函的債權人或親屬還以為這封「鄭法官信函」是最新詐騙手法，鄭麗燕的辦公室電話因而從早到晚響個不停。甚至某派出所警員接獲民眾詢問，不明所以的警察還貼出公函，提醒民眾不要上當，讓鄭麗燕直呼好人難當。對於民眾的誤解，她無奈地表示，社會大眾欠缺分辨是非的能力，一聽到「台北地方法院」就認定是詐騙集團，後面的內容根本沒有入耳。說起來，法院也是詐騙案件的「受害者」之一。即使自嘲「憨大頭」，但這就是鄭麗燕的行事風格。既然有機會做到，她就「一定要把人找出來」！

當然這已經不是她第一次展開尋人任務。民國六十一的國光人壽破產案，同樣也是拖了三十多年，債權人多半已作古，且該案的投保時期約為民國五十六年，但台灣從六十八年開始才有身分證字號。也就是說，當時她只能利用姓名、戶籍地址一一去尋訪這一萬五千多個債權人，處理起來更加棘手。但人人躲避的爛案，一樣在她手上完美落幕。套句鄭麗燕的話：「辦這案子沒什麼學問，就是要有耐心。」顯然正義並沒有捷徑，而是一場與耐力較勁的賽跑。

不厭其煩地「用心」

從板橋地方法院刑事法庭、民事法庭、少年法庭、台北地院刑庭、家事法庭、財務法庭、台北簡易庭，到民事執行處法官，沒有一件案子她不小心謹慎。她的口頭禪是：「法官辦案一定要用心！」當其他法官就著簡陋法醫室的判定，判別被告同時吸食安非他命與海洛因而處以重罪，只有她將每件尿液送調查局複驗，免去了多數人的冤獄；當丈夫以妻子行蹤不明為由訴請離婚，妻子幾次傳喚皆未出庭，一般法官會以「一造辯論」判決離婚，只有她認定事有蹊蹺，循線從戶籍資料找到妻子的父母親，結果發現妻子是在丈夫的指示下帶著兒子去了美國，並無失蹤，也非惡意不出庭，這才揭發了丈夫自編自導的逃妻劇碼。

若不是一再思索，宛若福爾摩斯般假設各種狀況，無法做到這樣的地步。鄭麗燕連煮飯的時候，腦中轉的念頭都是：「今天開庭的被告到底有沒有騙我……。」一人可能會說假話，如果法官因此而誤判，那麼被告多可憐！所以她採取嚴格的證據主義，更著重於讓證據說話。為了取得更仔細的證據，她不厭其煩地檢驗，一而再、再而三地假設推敲，可以說連回到家，心都還在工作上。

她最難忘的一件案子，是一名十二歲男童請求生父認領案。

事件的起因，是一名女性與日本男子於台灣公證結婚，但男子要回日本，女方卻不願跟從，於是兩人就此分離，但雙方還是有婚姻之實。而後女子在台灣與一名有婦之夫生下男童，因她與日本男子並未離婚，法律認定上，男童為日本男子的婚生子女。實際的血緣關係來說，男童卻是台灣人，外祖父自然希望小孩認祖歸宗，於是女方提出請求生父「強制認領」的訴訟。

案子來到鄭麗燕手中，她深深為這個男孩感到難過。當時台灣法律是「從父主義」，但男童在法律上的父親是日本人，因此他無法取得台灣國籍；而日本則是「屬地主義」，男童並非在日本出生，因此日本也不會給予他國籍。在這樣的情況下，這個男孩將成為無國籍之人，不論上學、未來就業都會面臨極大問題。除非該日本人否認這男孩為其子女。但日本男子早已不知去向，人海茫茫，難以找起。

就在鄭麗燕為此深深煩惱之際，她在報紙上看到一則不可思議的新聞：二次大戰前後，一名日本人與原住民女子生下一個孩子，回到日本後就再也無消無息。沒想到台東一位基層員警，費盡心思，竟在多年後為這個原住民孩子（當時已經成人）找到失聯的日本人父親。鄭麗燕不服輸的性格因而被激發：「一名員警都可以找到失聯幾十年的日本人，我怎麼會做不到？」

於是她調出原本已經歸檔的卷宗，想辦法從字裡行間獲得更多蛛絲馬跡。一查發現這名女子和日本人在民國六十八年於法院公證結婚，地點剛好是她服務的台北地方法院！鄭麗燕隨即從公證處找到這名日本人當初登記的地址。隨後，她又發現這名女子曾在民國七十八年提出告訴，請求與日本人離婚，當時日本人並沒有來開庭，所以法院判決「准離婚」。日本人收到法院的判決書後，回信給當時的承辦法官，表達他的不滿。鄭麗燕就是透過這封回信，取得日本人最新的地址。她親自寫信並請人翻譯成日文寄給對方，希望對方前來處理此事。

但男子認為他和前妻早已離婚，那個男童並非他所生，和他毫無關係，因此不願出面處理，也拒絕提起「否認子女之訴」。一般來說，做到這一步已經仁至義盡，鄭麗燕也算對得起自己的專業。但事實上，案件並未解決，且人都找到了，鄭麗燕心想：「非解決不可！」於是又花了好幾個月的時間繼續與對方溝通。後來男子提出，若要解決此事，女方必須支付二百四十萬日幣的賠償。鄭麗燕卻從法律的角度，向他分析：若不否認與男童的關係，未來孩子可以前往日本向他要求贍養費——其實對男子來說反而麻煩。如此一來，終於說服日本男子放棄金錢賠償的要求，並委託律師到法院提起否認子女之訴，讓該男童順利取得我國國籍。

圓滿解決此案，讓男孩落葉歸根，鄭麗燕也由此感到欣慰。這就是她辦案的態度：著眼於「人」，而不只是案情本身。

體恤弱勢，將心比心

鄭麗燕之所以對人懷有特殊情感，來自她出身一個清苦的家庭。小時候，鄭父做的是小吃攤買賣，一家的生計全看生意好壞。某年，遇到霍亂流行，鄭父做的壽司一個也賣不出去，全家因此陷入困境。最辛苦的時候，一天僅能吃到一餐，餓著肚子還是要過下去；家中也曾因為沒有醫藥費而看不起醫生，導致就醫延誤。雖然辛苦，事後回想，她卻非常感謝吃苦帶給她的堅毅性格與力求上進。由於在徹底「苦過來」的家庭中成長，因此，她特別能以同理心體恤貧苦之人。

鄭法官對於弱勢向來不吝於伸出援手。即便對象是狗，也不願讓牠受到一絲冤屈。曾有一個案子來到她手中，案件起因是一名女子養的狗吠聲擾人，受到鄰居抗議，經過調解，女子同意割除狗的聲帶。但調解過後許久，狗吠聲仍然存在，於是鄰居向法院聲請強制執行。這件案子既已經過調解同意，一般情況下，法官會就此同意強制執行。但鄭麗燕卻提出駁回，她說明本案的「割聲帶」要求違反了《動物保護法》，是傷害與虐待動物的行為，因此不予准許。於法，她提出確切的法條與根據；於情，身為愛狗人士，她認為人類糾紛所產生的責罰不應該落在動物的頭上——更何況是用這種殘忍的方式，因而保護了狗免於遭受非人道的傷害。

對人，她更是盡最大的努力為弱勢者發聲。曾有九二一大地震的受災戶，想對建商提出財產假扣押，但依照法律，債權人（也就是受災戶）卻要先拿出假扣押金額的三分之一作為擔保。鄭麗燕認為受災戶已經失去自己的家園，甚至家破人亡，再要求他們拿出無法負擔的擔保金並不合理，故為受災戶爭取到「零擔保」。鄭麗燕從來不覺得「法律是絕對的」，隨著時代變遷，法條應該與時俱進地修正，以更精確的文字來守護民眾。因此，她總是盡最大的努力，站在受害者立場，思考要怎麼判決。

曾有一位年近七十的婦人，在七名子女陪同下，以丈夫數十年來家暴為由，來到法院訴請離婚。看著這位歷經風霜、在菜市場賣水果的女性，鄭麗燕打從心底感到不捨，然而因為沒有任何「家暴」的具體證據，委實難以判決。第二次出庭當天，這名女性竟缺席了。鄭麗燕覺得疑惑，代替出庭的婦人子女，才難過地訴說父親前兩天提著一桶硫酸到水果攤前，向媽媽當頭澆下……。後來，鄭麗燕前往醫院探視，看到全身嚴重灼傷的婦人躺在加護病房，婦人一看到法官便淚如泉湧。她心中的憤怒與難過交織：「這還需要什麼證據？直接判離！」這就是鄭麗燕在柔軟思維下的斷然魄力，說她是個強勢的法官，不如說她是一個永遠站在對方立場思索、剛柔並濟、像媽媽一樣慈愛民眾的法官。

在偏鄉落實法治教育

近年來，鄭麗燕持續致力於破產案的不動產法拍，因為豐富的經驗與高效率的執行力，再糟糕的房產來到她手中，都能創造出不錯的價值。以鄭麗燕多年的資歷，其實早就可以「升官」，但她寧願堅守基層，在第一線為民眾貢獻專業。也正因為她對升官毫無興趣，不求飛黃騰達，所以即使面對官員或名人，她都無所畏懼，造就了她正氣凜然的辦案風格。但聲稱自己「無欲則剛」的鄭麗燕，心中也是有非常想做的事情。這件事與錢無關，而是要如何提升台灣人的法治水平。

每天接觸大量民事案件的鄭麗燕，發現很多詐騙事件中被作為「人頭」、存戶淪為「洗錢帳戶」者，都是因為不懂法律、貪圖小利而遭人利用。這當中，還存在嚴重的城鄉差距問題，住在城市的居民獲得新資訊容

▲假日還常常在辦公室的鄭麗燕法官

易，鄉村卻不必然。尤其偏鄉的弱勢原住民，因為資訊不流通加上經濟困窘，往往會為了一點小錢觸犯法律——收了犯罪集團幾百、幾千塊，便將身分證、帳戶借人使用。因為他們不知道後果要面對的，不僅是刑事上的詐欺問題，還有民事上的賠償問題。因此，鄭麗燕愈發感受到進入偏鄉推廣法律常識、法治教育的重要性。

有感於此，鄭麗燕利用工作之餘，常前往各地演講生活與法律議題；同時，她也在心中描繪出一個藍圖：退休後，要前往偏鄉廣泛宣說法律常識，投入能真正影響民眾的地方法治教育。她不敢保證「懂得法律就不會觸法」，但如果大家普遍瞭解觸法的嚴重性，一定能減低被利用的可能。誠如「不教而殺謂之虐」，比起嚴格執行法律，身為社會的執法人員，更有義務將法律案件，更淺顯易懂地讓民眾理解，而這是她懷抱的使命、預計對社會的回饋。

下班時間與假日，鄭法官辦公室的燈常常還是亮著。她可能在聯繫「鴻源案」錢還沒領回的當事人，可能在準備下一場法拍的資料，可能在接受訪問，也可能在認真閱讀報紙社論。她總是說，自己不是大人物，只是盡力做好分內的工作。而我們在一個最盡職的法官身上，看到了盡其在我的生命價值光輝！

第二部　緩流

一點一滴，如同深山裡的河流，靜靜、緩緩地流動。
看似微小無形，卻是不容忽視的存在。
就算途中遭遇大石與樹幹，都阻擋不了他們往目標奮力前進，
當山河匯聚成海，你會發現成果撼動人心。

捍衛台灣古早味的火車觀光：張學郎

為了家鄉的鐵道，為了台灣歷史的留存，
超過25年，隻身與鐵路局抗爭不懈。
一介儒雅文人，何能有此堅毅不催的耐力？
因為他深信：是鐵道守護台灣、守護家鄉的繁榮！

民國九十二年，嘉義新港鄉的陳明惠，著手在家鄉「頂菜園」重建板頭厝車站，作為社區發展的原點。板頭村位於百年黃金鐵道途經之處，在糖業蕭條前曾經風光一時。「頂菜園」社區發展協會，試圖以濃濃復古味追憶民國四、五十年代的台灣農村，帶著村民與遊客返回那個糖業興盛、鐵路運輸業務昌隆、農家小孩追逐蒸汽火車頭奔跑的美好年代。車站完工後，「相信有一天，火車ㄟ轉來」大大的標語豎立在復原的車站舊址內。

共享著同一個台灣時空的回憶，只不過場景換到了南投。南投縣內唯一的鐵道集集線，連結七個車站（二水、源泉、濁水、龍泉、集集、水里、車埕），曾是樟腦、木材、香蕉、砂糖等物產輸出的交通要道。在地鄉民張學郎所致力的社區發展，卻不是重建火車站。他趕在火車支線即將被廢除之前，挺身捍衛這一段有著濃郁古早味的風光歷史。

年過七旬，身子依舊硬朗矯健，除了維持年輕就建立起的運動習慣，更重要的是，張學郎從未想著退休，他腦中持續高速運轉著：「我還能為家鄉做些什麼……」。

火車印象的童年

張學郎一家世代住在台中豐原，父親十四歲那年，隨著祖父前往水里開墾。祖父之所以大刀闊斧地決定舉家遷移水里，就是看中集集鐵道線的商業實力。集集鐵道開通於日治時代，原是為了運送建造日月潭水力發電廠的器材；發電廠完工後，又作為香蕉、木材的運輸要道。而水里正位於交通主幹聚集的交會點上，在產業蓬勃發展之際，一度人潮洶湧，商機無限。

祖父帶著兩把鐮刀和一家子，在能夠眺望濁水溪的山坡上，開墾出一片香蕉園。張學郎的父親，因對中藥很有興趣，沒有走上務農之路，而是在水里街上開了間中藥材行，爾後透過自學，考上中醫師特考，便結合中藥材店，開始懸壺濟世，服務鄉里。

從小，張學郎就相當習慣夜半急促的敲門聲，即使風雨交加，只要有人前來求診，父親就會在大半夜提著皮箱出診。某個大雨滂沱的夜晚，敲門求診的人表示他家在濁水溪對岸，需要醫師緊急過去一趟。當時通過濁水溪的方式是乘坐「流籠」，途中還要經過三個中繼站，在河水已暴漲的情況下，十分危險。但父親表示，身為醫生就是救急救難，這是他的使命，如此姿態讓張學郎印象深刻，小小心中便立下將來自己也要以專業服務民眾的決心。

出生於二次大戰末期的張學郎，幼時正處於台灣經濟極苦的時代。因戰爭造成物資缺乏，加上日本戰敗撤離，集集鐵道的榮景不若當年，逐漸沒落蕭條。年幼的張學郎不明白產業沒落為何物，只知道自己熱愛火車，熱愛坐在奔馳的車上，睜大眼睛飽覽鄉村田野的風光。張學郎與這條鐵路有著莫名親近的情感，也是因為常有搭乘的機會，一方面外婆家在台中，三不五時會跟著媽媽回娘家；另方面則是擔任中醫師的父親常要到台中採辦藥材，身為長子的他總跟在父親身邊。總之，搭乘他最愛的火車前往台中，成為兒時記憶中最開心的事。

集集線在二水站與西部縱貫鐵路銜接，彰化站和王田站之間的這一段鐵道，山線和海線的鐵軌平行並列，有時候會出現兩列火車爭相競駛的情形。每當在火車上遇到此畫面，張學郎就非常興奮，好像自己在和一個實力相當的選手賽跑一般。直到兩列火車分道揚鑣之後，他的心仍餘波盪漾、雀躍不已。

小學二年級，他離開家到台中北屯國小就學。國二那年轉回集集初中，開始住在家裡。在家中附近上學固然開

▲綠色隧道旁的鐵路支線

心，但最棒的，是可以每天坐火車！兩年集集初中的日子，每天都搭乘火車上下學，若是貪睡稍微晚起，或下課的時間較遲，往往就要上演追逐火車的戲碼。蒸汽火車從啟動到加速，需要一些時間。那時只要遠遠聽到火車即將進站的鳴笛聲，他便使出跑百米衝刺的速度奔向月台，在火車即將開動那一刻一躍而上車廂。好幾次都在電光火石的剎那間，精準地跳上火車，在氣喘吁吁中得意自己又一次的「達陣」！如此回憶長存他的心底，至今無法忘懷。

張學郎除了熱愛坐火車、追火車，對於每一輛火車的型號、性能，也瞭若指掌。當時跑集集線的火車都是「黑色車頭」的*CK*系列，從*CK120*到*CK127*共有八輛，他可以光憑著坐在車廂裡，感受車輛的搖晃程度、行進速度，立即正確判斷這是哪一輛火車在跑。從他襁褓時期和媽媽一起回娘家，到懵懵懂懂的孩提時期，以至於青澀的學生時代，蒸汽火車頭的鳴聲、列車行進間的輪軸晃動聲，可以說一路伴隨他成長，串起他的夢想與未來。

加入服務社團鍛鍊各種能力

大專畢業後，他先在水里國小服務一年半，就入伍當兵。因具備美工、海報、文書方面的專長，張學郎被選入政戰兵科，負責文宣製作、軍歌教唱等任務。個性內向害羞的他因為做任何事情都全力以赴，獲得許多學習的機會，更因此得到同袍的友情。由於從小就看著父親為人服務的身影長大，因緣際會，他開始投入故鄉水里當地的救國團服務。這義工一當就是五十年！

民國六十年代，由救國團主辦的寒暑假營隊十分風行，每年營隊多達三十幾場，因而相當需要領隊人才。當時張學郎是水里鄉救國團的義務幹部，多擔任文書、教唱、帶動等方面工作。某次，他在無預警之間，被推薦為「溪阿縱走」的領隊，讓他十分震驚。「溪阿縱走」是當時最熱門的健行營隊，每年一開放報名隨即爆滿。但這段「縱走」路程極險，在二十一世紀的今天已經多處坍方，無法行走。且路途遙遠，從溪頭出發，沿林道經鳳凰山、信義和社、東埔、神木、黑森林到阿里山，全程長達三十二公里。沒有堅強的意志力和腳力，難以走完全程。

毫無領隊經驗的張學郎，只參加過一次溪阿縱走，但那次一上山腳就抽筋，結果沒走完全程就放棄了。他自認對路線不熟悉，體力也不堪負荷，恐無法勝任。但在團委會前輩的堅持下，只好勉為其難接下任務。因自身強烈的責任感，讓他思索到身為領隊的自己這次可不能「漏氣」，於是開始每天到住家附近的國小跑操場，鍛鍊體力，同時向團委會申請熟悉路線的副領隊同行。

這次參與溪阿縱走的成員，多是高中生。營隊當天，大家充滿期待、有說有笑地爭相展開征途。相較之下，領隊張學郎則是忐忑不安、戰戰兢兢。隊伍抵達和社站那一晚，熟悉路線的副領隊表示自己有事要先下山，無法再陪同之後的路程。張學郎一聽面色凝重，直呼不妙。但已在路途中無法後退，只得硬著頭皮前進。好在一路上也不怎麼需要擔心，因為垃圾實在太多了，幾乎是跟著垃圾走就沒錯。張學郎真是深感無奈，又一邊慶幸能卸下心中的大石頭。

行走到一段需要攀爬的地段時，迎面而來幾位營林區的人員，警告他們勿再往前，因為前方發生了坍塌。由於前進到下一個營區只要三小時，退回前一個營區卻要五小時。與另一位副領隊商議後，他們決定繼續向前探路，視情況決定前進或後退。還好很幸運地，坍塌處並不嚴重，由副領隊踩出一條可通行的便道後，在大夥兒相互協助之外，平安通過。之後一路坦途，順利抵達阿里山香林國中。這次難忘的縱走之旅，在張學郎心中留下深刻印象，年輕學子在活動後，寄來雪花般的感謝信件，更讓他感動不已，從此一頭栽入為他人服務的團隊活動。

紅衣小飛象走遍南投

當完兵後回到家鄉，張學郎無意繼承父親的衣缽；對於當兵前的教職工作，也不是那麼熱中。剖析自己的性格，還是比較喜歡服務大眾，因此他一頭栽入服務業，經營過民宿、營建業。然而在工作上獲得的成就感，依舊不如在社團當義工這麼快活。

民國七十四年，正值救國團舉辦寒暑自強活動如日中天之時，青年學子對於參加活動的需求相當大。想參加活動的人很多，能帶隊的卻很少，張學郎思考這一層面，建議南投縣團委會籌組一個讓大專學生在假期進來擔任義工的組織。在許多幹部的支持下，「救國團南投縣大專學生假期服務中心」成立，簡稱「南投假服」。

南投假服每年招募台灣中部成績優秀大學生，利用假日前來進行「服務」見習，視個人的興趣與專長，培養團康、唱跳、美工、野營等能力。而後經過考核，授與聘任證書，以及繡有「小飛象」的紅衣外套，正式加入「假服」行列。小飛象是「假服」的圖騰，象徵「負重致遠、樂觀進取」的態度與價值觀。這一群小飛象的領隊，就是張學郎。

每年寒暑假，張學郎就和這群樂於服務奉獻的青年，舉辦各式各樣的營隊。他們的足跡遍布阿里山、溪頭、清靜碧湖，投入登山隊、健行隊、佛學營、野外營隊、公民訓練等。南投假服的大專學生天真單純、吃苦耐勞，總是毫無怨尤地投入寒暑假的駐站工作。帶隊工作每天只有象徵性的一百元鼓勵，但他們不以為苦，反而對於自己能服務鄉里感到光榮。這一群「快樂的傻瓜」後來進入職場，都因為年輕時鍛鍊出服務他人的心胸與各式能力，在事業上擁有一席之地。

由於對學員持續的真心關懷與培育，穿著紅

▲南投大專假日服務隊：小飛象們

衣的小飛象們，一個個都成為張學郎最好的忘年之交。張學郎有任何需要幫助的地方，小飛象們總是義無反顧地傾巢而出，全力協助，讓張學郎感動得無以回報。南投假服共招募了二十一屆成員，後來因時代變遷而停辦。但每年在十二月的第一個星期六，昔日的「小飛象」們會攜家帶眷，聚在一起，儼然是「象族」的年終聚會。

青春與壯年時期都在救國團度過的張學郎，獲得徹底的鍛鍊。每次舉辦活動，要挑戰寫企劃書、帶動、演講、規劃組織運作、人際溝通協調、解決突發狀況……，在種種問題的面對與處理當中，張學郎培養出為他人服務奉獻的習慣，鍛鍊出凡事著眼於更遠大發展的眼光。殊不知這一切，在不久的將來，當他致力於捍衛此生夢想的旅程中，一一用上。

夜夜振筆疾書的歲月

民國七十八年底，政府發出公告，將拆除營運績效不佳的火車支線，集集線也在表列。雖然早就耳聞相關消息，但張學郎在第一時間得知，還是宛如晴天霹靂。

「日夜擔心的事情真的成了事實，這該如何是好？」

從小，張學郎就喜歡聽鐵路的故事，他總是睜大眼睛、心生嚮往地聆聽長輩訴說曾經的風光歲月。日治時期的集集線鐵道，將本地的香蕉、木材運載出去，也將財富與外地文明運載進水里等沿線鄉村。在極盛時期，每天都有數萬簍的香蕉從集集線運出。當時公務員一個月才領七、八百元，蕉農一期的收入卻高達一萬多元，那是一個身上沾有「香蕉乳」的果農意氣風發的時代。而水里鄉因為湧進大量的商人與伐木工，旅館、茶室等服務商家一間間地開設，到了假日更是車水馬龍、燈火通明，甚至在當時就已經出現二十四小時全天候營業的商店。過去的水里，因為鐵道維繫了經濟命脈，而有「小台北」的稱號——這樣的歷史榮景一直迴盪在張學郎心中，因此他始終堅信：只要鐵道與時俱進地更新，搭配濃厚古意的鄉村觀光業，昔日的經濟盛況，一定會有重現的一天。

每思及此，張學郎的心中立即湧現「鐵路不能拆」的堅定決心。然而政府已經發出公告，拆除勢在必行，該如何是好？左思右想，自己一人勢單力薄，張學郎決定求助地方民意代表。

他一一拜會民意代表，希望他們登高一呼，集合眾人的力量來保留這段鐵路。

但大部分的人都冷淡回應，甚至有人說：「現在都什麼時代了，鐵路早就落伍，人家台北都在蓋捷運啦！」張學郎忍不住回答他：「那你去申請一條捷運蓋在南投啊！」對方惱羞成怒，掉頭就走。

也有民意代表表面上大為認同，大聲疾呼「鐵路不能拆」，實際上卻無甚作為，甚至私下收購鐵路沿線的土地，大炒地皮。當張學郎傻傻以為有人支持，默默等待回覆時，一位土地被收購的人看不下去，偷偷告訴張學郎真相。原來那位民意代表根本不相信能保住鐵路，在政界打滾過的他，推測鐵路被拆毀後，政府為了補償地方，一定會在此興建替代道路。因此他以先見之明，趕緊收購鐵路沿線土地，以便大賺一筆！

聽聞此事，張學郎氣得全身發抖。一向溫文儒雅、凡事以誠相待的他，從沒想到世界上有人會說一套、做一套，對一個庶民也能大玩兩面手法！至此，他完全明白了，民意代表只會在選舉時做做樣子，平時全然無法信賴，他必須要靠自己！

碰了一鼻子灰的張學郎決定寫陳請書給鐵路局。他執筆苦思，寫了一封嘔心瀝血的陳請意見書，說明鐵道發展的人文歷史必須保留，拆除這條充滿人文氣息的古道，對地方的發展並無助益，反而是傷害！鐵路局接獲陳請書後，非常婉轉地回應：實在是不堪長期虧損，才不得不拆除這條地方支線。但張學郎不放棄，再度力陳「虧損是結果，可以改善」，若鐵路局有心保留鄉土人文歷史風貌，那麼一定可以研議出扭轉虧損的方法。張學郎甚至走訪各地，實地勘查南投縣名勝的觀光價值、交通路線的接駁方式，明確提出結合鐵道翻新、同步發展地方觀光業等種種建議。

陳請書一封一封地寄去，卻再也得不到任何回應。多少個夜裡，焚膏繼晷、一筆一畫、不知揉棄多少紙張、經過多少次修改才產出的書信，全部石沉大海，張學郎急得像熱鍋上的螞蟻。不能再等了，他決定親自走一趟南投縣政府，向官員投遞陳請書。

茫然無助地拿著陳請書，心想也許該往民政課投訴，但承辦人員說這是觀光課的業務。他又轉往觀光課，課長卻剛好不在。正當他左右為難不知如何是好，一位陳先生上前與他攀談。猶如溺水者抓到了浮木，張學郎拚命向他說明自己的訴求。陳先生表示同情，並向他借陳請書一看。看完以後，他嘆了一口氣，對張學郎說：「你的陳請書寫得太溫和了，現在這個年代，如果要對某件事據理力爭，一定要以激烈的措辭和聲調，才會引起眾人關注。像你這樣，我看很難達到訴求。」

一番話好像點醒了張學郎，突然明白了為何長期遭人忽視、四處碰壁。對於多一事不如少一事的行政官僚體系，自己默默地孤軍奮戰，溫和地陳請意見，無怪乎一事無成。於是他決定拋棄單打獨鬥的作法，他要串聯起鄉親的力量，用民眾的呼聲，激起當局來重視這件事！

發動群眾力量護鐵

第一站，張學郎前往拜訪水里民眾服務站的主任，希望對方加入「護鐵」的陣容。他真誠地訴說這條鐵路是許多人共同的美好回憶，對於地方發展，更是具有莫大意義，聽得對方也奮起熱血，詢問那麼該如何進行？商議討論後，他們決定一一發函給水里鄉各社團的負責人，邀請各界人士前來參與「守護集集線鐵路」的護鐵大會。宛如武俠小說中，武林同道盛大出席誓師大會般，青商會、婦女會、扶輪社、獅子會等社團都出席集會。張學郎在會議中慷慨陳述，護鐵需要庶民的力量，甚至要集結整條鐵路沿線的商家、熱愛搭乘火車的民眾、重視鐵道歷史的人文工作者、媒體影響力，掀起足以讓上層關注此事的抗爭！

於是，他們決定利用南投縣政府在觀光週舉辦「火車懷念之旅」活動期間，挑選民國七十九年二月九日這一天，在水里火車站前舉辦「萬人簽名護鐵」活動。張學郎拿出以往在救國團辦活動的經驗，先撰寫縝密的企劃書，招募工作人員，更與各社團負責人協商分工，大家分頭籌措經費、尋求贊助，並大力宣傳。他自己則親自知會鐵路局，並致電媒體，除了宣說該活動意義，也提供誘因——參加者當天可免費搭乘火車，並獲得紀念品與點心——吸引民眾參加。

盛大宣傳之下，激起了當時南投縣長林源朗的注意，並表示將大力支持。活動當天一早，水里鄉民扶老攜幼，擠爆水里火車站，他們胸前貼著主辦單位特製的貼紙，上

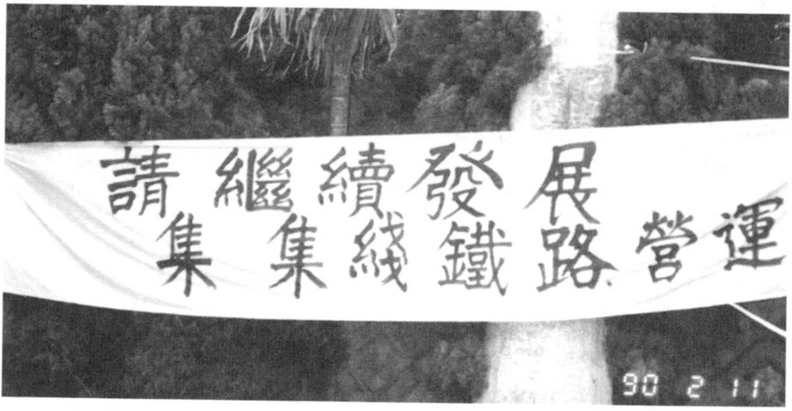

▲護鐵訴求標語

面寫著「集集線火車，我愛你」，並在白布上簽下自己的名字，表達捍衛鐵路的心意。火車駛入水里站，民眾一擁而上，滿心喜悅地搭上懷舊小火車，沿途飽覽鄉村風光後，抵達二水車站，掛上護鐵人士準備的「六十八年光榮歷史毀於一旦，您不難過嗎？」「不拆集集線鐵路，就是政府回饋地方」「請鐵路局將集集線車廂汰舊換新」等訴求標語。從開始到結束，不過半天光景，卻有上千人參與，場面熱鬧非凡，彷彿重現水里鄉古早的繁榮風貌，這一幕景象張學郎看在眼裡，感動莫名。終於不是自己一個人了，鄉親動起來了，其實大家都喜愛鐵路，都想留下小火車。這一刻，他心中充滿希望：集集線小火車，你可以留下來了！

以縣長林源朗為首，多位官員都參與此活動，紛紛表示集集線鐵路是一條值得留下的交通要道，將努力爭取保留、免於被拆除。民眾熱烈響應，官員也表示支持，顯現護鐵運動已打響第一炮。然而，在活動過後，鐵路局和當時的省政府卻沒有任何消息傳來，也就是依照之前的命令，鐵路還是面臨被拆除的命運。

張學郎意識到，這恐怕會是場長期抗爭，於是在「萬人簽名護鐵」活動的檢討會上，提出成立護鐵組織的想法。此舉立即獲得眾人支持，於是決定成立「保護集集線鐵路促進委員會」，張學郎在大家推舉下，榮任理事長一職。

火燒車危機

組織成立後，張學郎積極思考，究竟有什麼方法可以激起政府更重視集集線鐵路問題。鐵路局始終以「虧損嚴重」作為必須拆除的理由，因此張學郎進一步考察為何虧損。經過細部瞭解，他認為「車廂破舊不舒適」、「未妥善結合觀光業」、「火車未能直達台中」等，都是無法吸引更多遊客的原因。若台鐵無法針對上述問題用心經營，虧損是必然發生的事情。

另一方面，鐵路沿線的安全問題也讓張學郎憂心。民國七十九年六月，他發現水里鄉油車坑的路基，在濁水溪一再侵蝕之下，已顯現路基下陷的徵兆。他趕緊知會鐵路局，懇請務必盡早修復，鐵路局卻毫無回應。兩個月後，颱風過境帶來豪雨，導致溪水上漲，長達七、八十公尺的鐵軌路基被沖失，水里、集集交通線因而中斷。

對此，張學郎氣憤難當，心想鐵路局刻意迴避應當修復的急迫狀況，難道早就打定主意要讓這條鐵道自動毀損，以更符合「必須拆除」的考量？對此，張學郎召開媒體聽證會，並集合護鐵人士前往立法院抗議陳請。不料，隔年依舊得到晴天霹靂的結局：集集支線將予停駛！

這一紙公文下達後，縣長林源朗表示震驚，地方人士也群起抗議，政府才被迫下達「暫緩停駛」的決定。鐵路局因而私下派人視察集集支線，視察人員本想「微服出巡」，但張學郎還是得知了消息，一早就在火車上等候視察人員。鐵路局運務王處長一看到張學郎，頗為震驚，對於他鍥而不捨的行動甚為感佩，但仍表示必須增加民眾搭乘率，讓營運收益好轉，才有機會保留鐵道。張學郎反問：「集集線車廂老舊，故障頻傳，鐵道老朽亟待維修，安全問題令人擔憂。而且和縱貫線班次銜接不上，旅客轉乘必須枯等一個多小時，這樣的

▲保護集集線鐵路促進委員會旗

服務品質如何吸引民眾搭乘？應該是鐵路局先改善問題，才能提振營運業績吧！」

顯然鐵路局的思維並非如此，依舊以「經費不足」為由，持續延宕該解決的問題。安全問題終於爆發。民國八十年五月，一個人潮眾多的假日，火車行駛至名間鄉時，車底起火，濃煙隨即瀰漫車廂。在駕駛員緊急煞車下，雖沒有釀成大災禍，乘客卻飽受驚嚇。這起「火燒車事件」讓張學郎異常憤怒，當晚便號召「保護集集線鐵路促進委員會」成員，在火車站懸掛白布條抗議，激憤的民眾更在站前靜坐，鐵路局雖派人前來安撫，卻遲遲沒有正面的解決措施，讓張學郎相當心寒。左思右想，決定找媒體投書。

張學郎將一直以來蒐集的各項資料，包括集集鐵道的歷史、護鐵人士舉辦各項活動的紀錄與相關報導、老舊車廂與鐵軌枕木脫落的照片，甚至將自己對鐵路局的建議陳請，一併提供給媒體。消息的曝光引起更多民眾注意，由此促成政府的關注，責成鐵路局提出改善措施後，以一年為期限，再度評估集集線的存廢問題。

然而當年八月，鐵路局卻在無預警之下，突然公告裁撤集集沿線站務人員，除了二水、水里兩站，其餘五站全部斷水斷電，不提供售票業務。這樣一來，各站淪為無人車站，只要逃過車上補票，極容易跑票。此外，因無人管理兼無水電供應，各站廁所都以木條釘死，導致觀光客隨地便溺。本期待成為觀光勝地的招呼站，突然像被遺棄的廢站一般。

鐵路局同時表示，為尊重民意，增開一天三班台中到水里的直達車，盼能增加集集線收入。此舉令張學郎等護鐵人士哭笑不得，加開「台中—水里」直達車固然是張學郎諸多建議之一，但以精簡人員、架空車站來節省人事成本，對於車票收益、觀光發展有正面幫助嗎？

想盡辦法不讓鐵路被拆除

在張學郎心中，認定鐵路局依舊沒有留下「集集線」的誠意，種種措施，僅是為了應付媒體和層出不窮的民意——尤其是張學郎這一號頭痛人物。他沒有低頭，也絕不短少耐心。年輕時起在社團扎實的磨鍊，早練就張學郎一身「凡事堅持到底、絕不認輸」、「要做就做到最好」的毅力。

好在經過一年多護鐵的努力，不僅是民眾，連文獻會也開始關注鐵路的去留。民國八十年十月，南投縣政府與省文獻會共同舉辦「口述歷史耆老座談會」，五十多名熟悉地方發展典故的長者齊聚一堂，其中也有護鐵的鄉紳參與盛會。談起對於集集線鐵路的回憶，耆老們無不爭先發言。人人都滔滔不絕、眉飛色舞地述說自己與鐵道的故事，彷彿回到意氣風發的年輕時代。聽聞集集線鐵路可能被拆毀，則相當不滿，長者們紛紛表示：「拆了就再也不可能蓋回去了。」「這是我們的地方鐵道文化啊！」

耆老的聲音透過文獻會進入中央，張學郎等人也一路投書到監察院。監察委員在當時的南投縣長邀約下，搭乘火車視察，當他在濁水、集集站看到遭木條釘死封閉的公廁，大呼不可思議！縣長林源朗也向監察委員表示，目前正處於營運評估的一年期限內，但鐵路局諸多作法：如封閉公廁、在晚間十點無人搭乘的時間開出往台中的列車，毫不顧及旅客需要，分明一心要以虧損為由，停止集集支線的營運。委員聽了直點頭，表示會再進一步瞭解狀況。

愈來愈多人加入護鐵行列了，縣議員、省主席、甚至總統都開始關注這件事情。看來護鐵一案逐漸撥雲見日，但張學郎並不被動等待成效，而是主動出擊，不讓鐵路局再有「營運虧損」的藉口，來廢除鐵道。

民國八十一年春節前夕，由張學郎領導的「鐵路促進會」，結合各方力量，籌劃集集支線「火車之旅」套裝行程，從火車站到各個景點、旅館間，安排完善的旅客接駁，將鐵公路運輸作最完美的結合。事前，透過媒體與各種文宣，大力宣傳「火車之旅」相關活動。結果從初一到初四，該支線創下日治時代開通以來最高的營運紀錄。隨後七天的「觀光週」，也帶來大批人潮，證明集集支線充滿了觀光潛力，值得保留與更進一步的發展。

年假結束後，以觀光週的成功，鐵路局台中站正式推出一日遊的套裝行程。為了呼應一日遊行程，張學郎更動用私人交情，找昔日救國團的夥伴協助，在台中、水里火車站設立臨時服務台，不定期舉辦「記憶列車．懷古幽情」活動。集集鐵道促進委員會成員，也集思廣益，推出「集集古蹟之旅」、「車埕—二坪山懷舊之旅」。在鐵路局和民間力量的合作下，開始有團體向車站洽詢，想包下火車，舉辦五百人參加的親子團體旅遊。集集支線一日遊，正逐漸熱絡起來。

終於在民國八十一年九月，鐵路局宣布「確定不廢除集集線」！護鐵人士聞此激動不已。張學郎回顧從一個人護鐵，到民眾、媒體、政府逐漸認同並支持，已經過了兩年。兩年下來，不斷地抗爭、辦活動，用盡千方百計喚起眾人對這條鐵路的重視，更致力於提高營運收入。數字會說話，護鐵運動展開前，集集支線每年載運不過四千人次。兩年後，已增加到三十六萬人次，營收達兩百多萬元！

為了守護鐵道，跑遍各個城市陳請、勘查、溝通、抗爭，南北奔忙的張學郎，在這段期間的付出，並沒有獲得任何一絲收益，甚至還常常自掏腰包支付點心、活動經費。帶著眾人上台北陳請，也是由他一人出資交通費。如今有這樣小小的成果，他由衷感到欣慰。而客觀的營運數字更是鼓舞他：只要規劃得當，絕對可以從「虧損」中翻身！

新火車來了！

多年來心願實現，張學郎卻不因此而滿足，他持續關注鐵路局的運作，觀察遊客的流量，並致力於思考如何拓展人文鐵道風情。某次，他信步至火車站，親眼見到旅客詢問站務人員水里有什麼好玩，站務人員卻只介紹商店街給遊客。他心中大呼可惜！隔天，他找了一名就讀美術科高職生，將水里附近的景點，以及風味絕佳的小吃，繪成一張旅遊地圖，詳細標注路線和特色，貼在火車站。這樣還不夠，他接著親自走訪附近鄉鎮，研擬出新的旅遊路線，以一介庶民的力量，製作廣告文宣、利用各種媒介大力宣傳。由於張學郎的努力，甚至創造了「賞梅」的新景點。原本只是護鐵，沒想到自己還涉足旅遊開發，帶動當地商家的發展，如今「賞梅」已經成為鄉公所固定的旅遊行程。張學郎坦承：「這一切能力都是被『逼』出來的！」

鐵路確定不拆除後，「保護集集鐵路促進委員會」階段性任務已完成，功成身退。但張學郎認為必須有一個恆久性的組織來關注、敦促鐵路局並保存鐵道文化。民國八十三年十月，「南投縣集集鐵道文化協會」正式成立，以結合學術、教育、旅遊三層面，共同引導國人來認識集集支線。

▲新式冷氣小火車

張學郎持續不斷提出對鐵道經營的建議，包括興建鐵道博物館、車站的整修、車廂旅館的建置、推出懷舊列車搭乘活動、催生中橫鐵路、更換老朽的鐵軌枕木、結合縱貫線長遠經營。多年的無私奉獻，讓他在民國八十六年十月獲頒南投縣政府「護鐵先鋒」榮譽表揚。南投縣長林源朗甚至在退休前，親筆書寫匾額致贈。

求好心切的張學郎，最擔心的就是火車的安全問題。民國八十七年十二月，鐵路局向國外採購的冷氣車廂終於撥發，新的車廂除了寬敞舒適，更設有殘障設施，過去曾因油管老舊導致的「火燒車」危機至此解除，全線的鄉民皆欣喜若狂。

然而，鐵道文化協會仍針對鐵軌沿線

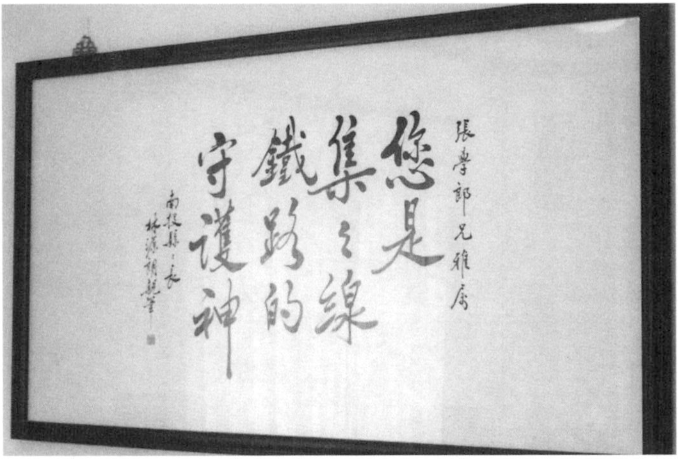

▲縣長親手書贈的匾額

枕木腐朽、鐵釘脫落、路基塌陷等嚴重情形，向鐵路局陳請。儘管頻生「出軌」事件，但台鐵遲遲未見改善。直到八十八年一次造成車身傾斜的脫軌，激起民眾怒氣，在媒體與立委的壓力下，台鐵承諾盡快編列預算，進行全線養護。「南投縣集集鐵道文化協會」正欣喜於有此承諾，沒想到養護工程尚未開始，便遇上台灣百年最嚴重的九二一大地震！

沒有他，鐵路早被遺忘

民國八十八年的九二一大地震，對南投縣造成極大創傷，位於斷層帶上的集集鎮嚴重損毀，交通線全部斷絕。集集線鐵道受到幾近毀滅性的損壞：車站倒塌、月台沉陷、軌道扭曲，山崩落石將鐵軌掩埋。但此時救災為要，無人有餘力顧及鐵道。張學郎一邊為災民感到憂心，一邊也煩惱著不知何時可以恢復鐵路的通車。

地震後八個月，傷痛逐漸平復，各鄉鎮也持續進行各項重建工作。張學郎思索，鐵道是重要的交通運輸媒介，為何政府遲遲沒有修復鐵道的消息？地震前給予的「全線養護」承諾，也沒有任何風吹草動。著急的他著手撰寫措辭激烈的公開信，並召開記者會，指出政府一直以來決策猶疑不定、公文往返耗繁，動作總是遠遠落在百姓之後，望著遙遙無期的通車時刻，地方民眾的殷殷期盼，已逐漸轉為深層的失望與憤怒。

這次文建會（今文化部）很快回函，邀請張學郎北上，針對集集支線復建工程進行研討。與會代表包括南投縣政府、鐵路局、集集沿線各鄉鎮長。會上，張學郎質問為何鐵道重建工作遲遲沒有進展？在各單位發言報告後，他才瞭解背後源由。原來，負責重建業務的觀光課長，新官上任，對業務完全不熟悉，只想到要保留鐵軌嚴重扭曲隆起的路段，作為震災紀念公園。名間鄉公所配合此想法，阻撓台鐵人員進行扭曲路段的鐵軌拆除作業，爾後恰逢名間鄉長任期屆滿，但去職前也沒交接好重建業務，導致工程一再延誤。

會議上，名間鄉公所表示，既要保留隆起路段，鐵路就必須改道，公所已經研擬出新路線，問題在於必須向八位地主徵收土地。南投縣政府表示，除了土地徵收困難，經費不足還是最大的問題。幸而中央政府撥一筆來自香港的二億元捐款，集集線因而有了經費，可以著手開始動工。

經費有了著落，但地主卻不願意將土地賣給國家，改建工程再度延宕。南投縣政府只得央求張學郎出面，說服地主。以同樣身為一介草根民眾的立場，張學郎一一向地主說明此次土地徵收的目的，是為了發展鄉里，嘉惠地方經濟，具有莫大意義。其中七位地主欣然接受，但有一名吳姓地主遲遲沒有回音，且拒接電話、拒絕溝通。於是，張學郎寫了一封措辭懇切的書信，一方面告知此次徵收乃是市價加四成的價格，對地主們來說頗為有利，若僅他一人回絕，恐造成其他七人利益受損；另一方面，鐵路局徵收土地是為了從事讓家鄉發展的營造工程，希望他審慎思量。

以雙掛號寄出信件的隔天，張學郎就接到這位地主的電話，表示他已經回覆縣政府，願意釋出土地。原來他態度強硬不願被徵收，是因為過去曾被國家水利局徵收土地，但水利局規劃不善，開出一條護坡過高的溝渠，硬生生將他的田地切為兩半，讓他必須繞一大段路才能到對面的田地，非常不便。

張學郎聽完以後嘆了口氣說：「換作是我，也不願被徵收！」但吳姓地主在信中讀到張學郎的誠意，也信服於張學郎的分析，表示他並不願意因為自己一個人，影響家鄉鐵路的建造，只是很憂心歷史重演。張學郎隨即承諾，施工期間他都會進入關心，絕不會讓鄉親權益受損，甚至自己會為他向鐵路局爭取，利用這次工程，在他的兩塊田地之間建一道橋梁，解決他的困擾。聽完張學郎一番話，吳姓地主頗為感動。

好不容易，土地徵收的問題解決了，張學郎才剛要喘口氣，某天卻聽聞鐵路工程人員嚷著要罷工。原來，施工的地點緊鄰名間鄉公墓地，有三、四座公墓位於未來鐵道將經過的位置，尚未遷葬。公墓管理員唯恐墳墓被破壞，在墳墓外圍拉起封鎖線，讓工人無法動工。這一次，又是張學郎親自出面協調，以緩和的語氣安撫雙方，才讓工程得以順利進行。

為了讓集集線火車順利復駛，張學郎幾乎每天都帶著飲料、點心到工地關心進度，一發現欠缺什麼資源，立即東奔西跑、籌措調度。各單位之間的溝通協調，也都是他出面處理。工人一開始還以為他是政府派來監工的，得知他只是一個小庶民，卻為了鐵路付出這麼多時間金錢，只能嘖嘖稱奇：「你真是鐵道的守護神！」

歷經半年的重建，集集線終於在民國九十年初恢復通車。當年的一月一日，「南投縣集集鐵道文化協會」正式更名為「南投縣觀光鐵道文化協會」，簡稱「鐵道協會」，代表階段性完成守護集集鐵道的任務，未來將轉型為協助南投發展觀光的民間團體。

第一班火車啟動的時間，剛好是除夕前兩天，對於集集沿線民眾來說，真是最好的新年禮物。通車典禮的那天，為了表彰對集集支線復駛有功的人士，鐵路局在集集火車站搭置舞台，準備了好幾個製作精美的大獎牌，由當時的陳水扁總統親自頒獎。然而上台領獎的人，張學郎卻泰半不認識，不知道政府所謂的「復駛有功」標準是什麼？但不一會兒，他便釋懷了，搖搖頭一笑置之：「罷了！這就是官場文化啊！」

小火車最恐怖的路段：過山洞

鐵道復駛以後，集集線再度湧入大量人潮，車埕火車站也在當年十一月重建落成，以原木為主要建材，體現當年盛產木材的景況。為了慶祝車埕站的重生，鐵道協會企劃了名為「古藝山城．鐵道傳情」盛大的慶祝活動，其中最主要的重頭戲，就是特地向鐵路局租借*CK124*蒸汽火車頭，讓它成為車埕站落成時，第一班進站的車。*CK124*是日治時代生產的蒸氣火車頭，也是許多人幼年就開始搭乘、充滿古早味的美好回憶。

以「建設鄉里、繁榮地方、傳承文化」為使命的鐵道協會，持續不求回報地投注心力，舉辦能讓觀光業更蓬勃發展的活動。張學郎也著手培訓鐵道導覽員，希望訓練一批瞭解家鄉歷史文化的年輕人，承繼他一直在做的事情。

另一方面，鐵道協會持續關注安全問題，他們經過實地考察，發現受限於經費、短時間搶修的集集線鐵路，其實隱藏著一顆不定時炸彈——那就是老舊的隧道。

搭乘火車的小孩子，最喜歡大喊的就是「過山洞囉！」。事實上，集集線小火車從進入隧道開始，就是進入一段最危險的旅途。日治時代興建的隧道，材料僅是磚塊、水泥，經過將近百年的風霜，隧道內壁與拱頂龜裂嚴重、滲水不斷，牆壁甚至有隆起、中空的狀況。鐵路局礙於經費，一向採用「以鋼材頂住、再噴漿」的權宜作法。由於噴漿的鋼材侵占隧道內部空間，導致火車經過時，車身與隧道內壁最近的距離，竟然只有十公分！

▲集集線鐵道導覽員培訓活動

鐵道協會為此不斷與縣政府、鐵路局、交通部等各單位溝通，應廢棄舊有隧道，改線重建一個現代化、能夠再用一百年的安全隧道，但總是收到「經費不足、難以進行」的回應。因此長達好幾年的時間，集集線不斷反覆經歷「因安全考量的停駛」、「局部養護修復工程」、「復駛通車」的狀況。

民國九十九年四月，終於全線封閉，就原有路線進行全面加寬、加固的隧道補強工程。張學郎對此感到不安，因為再怎麼強固隧道，都是治標不治本的作法。事實上，在工程進行中，也數度發生土石崩落、坍塌的情形。張學郎心中一直希望、也不斷表達隧道應該要改線重建。但台鐵

▲CK124蒸氣火車頭重現

礙於經費，只能走一步算一步，先將修復工程完成。而這次的修復工程，專家不諱言地說「只能撐十年」。

這些細節一般民眾並不知道，大家只是期待著修復完隧道、再度搭上小火車的那一天趕快到來。民國一〇〇年七月九日，集集線於百年復駛，並舉辦大規模慶祝活動。總統、行政院長、交通部長，以及在地首長、民意代表都前來出席。行政院長和南投縣長上台致詞時，都不斷提及，如果不是「有一個人」戇直打拼了二十多年，集集鐵道沒有今天。這個人毫無疑惑地，就是張學郎。

當天出席了許多官員與媒體，可謂冠蓋雲集。鐵道協會心想，家鄉的新聞總算能上全國版面，不免欣喜。但隔天打開電視與報紙，關於集集線復駛的消息僅僅三言兩語，反而大篇幅報導總統、行政院長對下一屆總統大選的看法。而讓集集線復駛的最大功臣張學郎，則隻字未提。官員參加了一場地方文化慶典，報導聚焦的卻是官員對於角逐政治的觀點，而非該活動本身。不知要說台灣媒體只關注政治、忽略文化，還是因為台灣人長期忽視文化新聞，導致媒體有「失焦報導」的習性。

永不退休與持續展望

二十多年來從未止息的奮戰，張學郎遇過許多讓他氣憤不已，或感到無奈的人物，例如專做表面功夫的民意代表、上層重視後才來錦上添花（卻只管吆喝）的支持者。然而更多的是溫暖的人性芬芳、實際在第一線的付出——這些都來自平凡的草根力量。像是昔日與他攜手奮鬥的「小飛象們」，他們總是無條件地前來支援每一個活動；以及各個民眾性社團成員、家鄉街頭上小店經營者，他們是「護鐵」背後最真誠的力量，因為他們就是在守護自己的家鄉。

有一次，張學郎帶朋友到火車站前的小店吃大滷麵。老闆滿臉笑容前來迎接，並對身旁的兒子說：「這個阿伯是鐵路的守護神，沒有他，你們現在哪有火車可以坐！」隨後又嘆了口氣說：「說不定連爸爸這間店都開不下去了……」。隨後端上兩碗「特級」的大滷麵，張學郎身旁的朋友小聲說：「會不會太大碗啊！料還這麼多……」。張學郎笑著回答：「數十年來，老闆都是這樣的『規格』啊！」原來，以前張學郎辦活動時，假服的年輕人前來協助，雖然無法支薪給他們，但為了表達感謝，張學郎總是堅持讓他們吃得飽飽的，因此特地拜託老闆幫他「加料」。老闆一看是守護家鄉文化的年輕人，不但換上大碗公、料加倍，還堅持不加錢。

庶民的眼睛雪亮，知道誰只是出一張嘴、誰才是真正在做事情的人。他們都明白鐵路之所以留下來、家鄉之所以湧進大量遊客，都是因為張學郎多年來無私的付出。許多人都稱張學郎是「土地公」、「鐵道神」，張學郎到街上買東西，店家總是不肯收他的錢，常常就這樣在街坊上演一齣齣的「塞錢爭霸戰」。

得到家鄉居民如此的厚愛，有人曾對他表示：「何不出來競選民意代表？」但這從來不是他的志向，他始終認為，自己要作為一個民間的監督力量，提出更多讓家鄉發展、繁榮的建言。因此，他不斷走訪縣內各景點，思考可以如何規劃新的旅遊路線；到世界各地旅遊時，他也將見聞仔細記錄，看看當地如何發展觀光業、建構現代化的交通路線。在他著手蒐集資料、四處拜訪之時，仍一心掛念著集集縣火車隧道即將到來的「十年之限」。為了讓台鐵有經費可以提升乘車品質與安全，他一直在思考如何讓觀光業更蓬勃發展。經過縝密的思考，他提出興建日月潭空中纜車，以及連結中部、東部台灣的「中橫鐵路」。若能成功興建，搭配轉乘接駁，絕對能增加集集線小火車的觀光人次！

張學郎自己經營的民宿「理事長的家」，或許沒有因為鐵路保留，賺進多少財富。但他一向就不是站在自己的角度思考，他想的是歷史的保留、鄉里的發展。當全台的小火車支線逐一拆毀，他希望集集鐵道文化可以作為全台灣人共同擁有的歷史回憶，這是多麼光榮又美好的一件事！

一個人小小的力量，可以扭轉一地的命運發展。往後搭乘小火車時，我想我的心中，會自然浮現張學郎這位熱愛鄉土的在地庶民，以及他不求回報的身影。

▲集集線鐵道終點：車埕車站

小島翻轉教育實驗家：王政忠

曾經是社會弱勢者，他致力於翻轉自己的命運。
為了教育弱勢的孩子，他放棄飛黃騰達，
在資源缺乏的偏鄉展開新的「翻轉」，
他是徹底撼動生命、改變無數人一生的王政忠老師。

我一直記得那段往事——發生在我就讀國小時。

我的國小母校位於中壢，是一所鄉下小學。五年級時，班上來了一位教數學的曾老師，他一走進教室、自我介紹完，立刻轉身在黑板上寫了一道題目：「象的腿為什麼特別粗？」台下一片靜默，一個女孩怯生生舉起手：「老師，我們這堂課是數學，不是自然……。」另一個小男生大聲說：「象這麼大隻，如果腿不粗，不就站不起來了！」曾老師微笑道：「嗯！有道理。那麼象腿必須多粗？」接著不慌不忙地說：「現在我們來用數學解釋『象腿』。這麼說吧！如果動物園裡的大象昨晚入睡時，突然被外星人動了手腳，長高了十倍，腿的直徑自然也放大十倍，請問腿會粗幾倍呢？」正當同學七嘴八舌地說：「當然是十倍啊！」「面積乘以高，一百倍才對啦！」「長高十倍的大象不就變恐龍了……」一向熱愛數學的我，拼命思考，最後想到可以用圓柱體的公式計算，近乎正確地算出了答案（答案是三十一點七倍）。

往後每一堂課，曾老師總帶來不同類型的題目，刺激我們思考，讓我覺得學習真是好玩。此外，曾老師指派我擔任數學小老師，常要我上台解釋觀念給同學聽，如此地重視我，更讓我的成績飛快成長。我從小就對數學相當有興趣，但多虧曾老師的啟發，讓我往後不論在大學時期擔任家教，或進補習班執教數學，都能以活潑的思考引導學生。曾老師對我的影響，實在終生難以忘懷。

在成長過程中，能值遇一位引導自己的老師，是莫大的幸運，並不是每個孩子都有這樣的機遇。我在與家長、友人聊天時，談到當代許多放棄學習的孩子，雖然感到喟嘆，卻無力改變。這是為什麼當我第一次讀到王政忠老師的故事，會如此震撼。

王老師在偏鄉待了十多年，他可以把不愛讀書的學生教到有實力選擇讀哪一所高中，讓對未來缺乏希望的孩子最終學有所成，甚至回母校擔任志工。在教育的第一現場，他以熱情和毅力扭轉孩子的一生，這可是改變台灣未來的偉大工程啊！對於這樣一位年輕的教育後進，我深感敬佩，他能在資源弱勢的地方堅持奮鬥十五年，嚐遍辛苦、熬過艱辛，實屬不易。在他絕佳的文筆中，能感受到這一個爽朗的青年，是如何堅毅走過不公平的求學生涯、詼諧自娛度過忍耐歲月，以及在認知自我使命與價值後，感動熱血的每一天。

無法決定自己的出身

「為什麼是我？」這是王政忠在爽文國中實習時，看見這所偏鄉弱勢學校中的學生，明知道這群學生需要一個替他們翻轉命運的老師，卻不願進入這個角色時所不斷問著自己的一句話。

他的猶疑是有原因的。比起奉獻給弱勢偏鄉，他更想要翻轉自己的命運，改變自己的人生。

王政忠出生於台南，成長過程中，父親長期嗜酒嗜賭，家裡的貧困狀況因而沒有一刻好轉。若只是貧窮還能勒緊褲腰帶過活，但父親卻在一度贏錢後向下沉淪，積欠更多債務，最後只好向地下錢莊借錢。在中獎的好運再度降臨前，一家人就面臨了跑路的命運。父母跟弟妹跑到南投投靠親戚，當時他是台南一中的高一學生，沒得選擇，只得借宿台南外公家，以完成學業。面對讓自己女兒陷入窘境的關係者，外公一家人對他沒有太多關心，此時他就已經知道，自己的人生只能靠自己成就，他沒有後台可以靠，也無法依靠任何人。

搬進南一中宿舍後，終於不再寄人籬下，有了自己的生活空間，於是王政忠下課去圖書館打工，放學在夜市切滷味，遇到大考就不睡覺徹夜準備。每逢假期，沒車錢回家的他，便在宿舍啃白土司度過一天。大學聯考前，以師範大學公費生為目標，他辭去滷味攤工作，與兩個好友約定九十天密集*K*書，不碰床與枕頭，累了就合併椅子睡兩個鐘頭。猶如魔鬼訓練營般地苦讀三個月，王政忠卻因為畫錯答案卡而面臨重考的命運。

面對如此的打擊，他只好回到南投的家。在父親的牽線下，進入南投一間皮包加工廠打工，日薪五百元，以此賺取報名重考班的學費。工作半年後，王政忠心想總算前進了一步，他在台中物色好要報名的補習班後，便返回南投工廠，準備領回寄存在老闆那裡的薪水。老闆那句話卻猶如晴天霹靂：「你爸都借支啦！」他這才發現自己用勞力換來的學費，全部被父親拿去花得一毛不剩，甚至還預支。他氣得向父親揮了兩拳，衝出家門，在街道上無止盡地狂跑。

很快地，他就冷靜下來，知道自己繼續待在這個家只會往人生的低谷沉淪，永遠不能翻身。為了自己、也為了母親與弟妹，他必須翻轉自己的命運！於是他收拾行李，到高雄投靠高中死黨。第二天，他打電話給高中最關心他的陳老師，說明自己的狀況，陳老師不捨地要他前來台南一趟。此時王政忠卻連火車票錢都沒有，還央求老師買月台票進來。陳老師提了兩大袋生活用品，並遞給他一個信封，要他拿這些錢去補習班報名。王政忠感動得一句話都說不出來，只能向老師承諾自己未來一定會還錢。沒想到老師堅定地回答：「你會還給我更多的，我相信。」

回到高雄後，死黨的房東前來，要求王政忠付一半房租。他付不起，只能用低價承租一間「坐在地上頭就頂到天花板」的儲藏室，作為未來半年的安身之所。除了幾堂補習課，他都窩在這小小的「蝸居」拼命讀書，有時趴著，有時側躺，累了就去爬樓梯，一邊運動一邊準備考試。這間小小的儲藏室布滿教科書，以及簡單的廚具、食物和衣物，儘管克難，但卻更加磨銳他的意志，他終於如願考上高雄師大國文系。

解脫，是承認那是個錯……

因為求學生涯中曾經接受許多老師的幫助，王政忠從國中就確立自己的目標是當一位老師。進入大學後，為了自己的生活費與老家的債務，他開始接家教工作。家教的高薪讓他第一次體會到知識的力量，面對學生仰慕的眼神、都會區豐富的資源，他感覺到自己手中終於握有人生的籌碼，而他所期望的「翻轉命運」正逐漸步上軌道。

某些時候，他渴望生命暫停在這一刻：自由地在大學校園求取知識；因為教學成效受到大多數學生的家長尊重；不用面對酒醉飆髒話的父親，只要拼命打工賺錢就能感到心安……。但這些想法如同短暫的美夢，清醒的時刻總會到來。大學四年一晃眼就過，接下來何去何從，分秒糾結著他的心。

儘管明白自己即將背叛當初告訴母親的「等我強壯了，就回來拉你們一把」的諾言，他卻無法抗拒等在自己眼前的光明未來。於是他鼓起勇氣，告訴母親自己畢業後想留在都市。然而當母親在電話中緩緩說出：「你高中在台南……大學在高雄……如果實習不在南投，會不會一輩子都不回來了？」他才認清命運是不能逃避或選擇的，他終究要回到那個曾經讓他受傷，卻又非常需要他的地方。就這樣，畢業後的實習王政忠選擇回到老家，被分發進位於中寮鄉的爽文國中。

報到第一天，王政忠驚訝於位在荒煙蔓草的校區、像猴子一樣散漫的學生、嚴重不足的師資，還有因為上述原因而發生的鳥事……，最令他驚駭的莫過於，在報到的那一刻，他突然就被任命為訓導組的「王組長」，從此馬不停蹄的行政業務迎面而來。高中開始就是運動好手的王政忠，身體健壯得像牛一樣，即使不停工作、熬夜讀書、東奔西忙，始終精神奕奕。但卻在成為實習老師後持續生病三個月，每天極為疲憊卻看不到希望。這不是他咬緊牙根努力了這麼久想獲得的未來，他只想早日離開這個地方，獲得解脫。

三個月後，王政忠投降了，他在心中承認來到這裡是個錯誤。此後，一切突然簡單起來：只要熬過這一年，熬過去，就解脫了！位於偏鄉只有六個班的爽文國中，倒是有一個好處，那就是沒有教學進度的壓力。王政忠正得以在如此場域中，紓解他對於行政事務的無奈心情，盡情發揮他的教學實力。面對眼前一群錯字連篇、句子都寫不好的孩子，他不厭其煩地從頭教起，從寫對字、造詞、造句，到說出大綱、學習修辭、領略課文意義，想盡辦法結合歌詞、手語、寫信等方式增加他們的國語文能力。甚至讓孩子學習倉頡造字，瞭解字形成的意義，只要能說出道理，還可以被編入「爽中大字典」，入選愈多的人，在週六與王老師的「焢窯」約會中，就可以吃到最大的蕃薯。

陪孩子焢窯、在溪邊玩水拉近了師生間的距離，國中生必然感受到老師教學的用心。偶然也會有學生說出「老師你留下來不要調走」這樣的話，但王政忠全部打哈哈帶過。民國八十七年他如願離開爽文，入伍到了金門當兵，但還是持續與孩子們保持書信往來，糾正他們愈發退步的信件用字。每當信中出現「老師你都沒有休假嗎？」「希望老師回學校看看大家」等相關文字，他便使出轉移話題的強項，四兩撥千斤帶過。其實他一直都有休假，卻不曾踏入中寮一步。

民國八十八年九二一大地震隔天，金門並無任何異狀。當長官要弟兄們打電話回家關心，王政忠從父親驚駭的語氣中，感受到了恐懼。他急忙坐專機趕回家，直到在帳棚中見到平安的家人，才鬆了一口氣。隔天早上，王政忠在帳棚中被陽光曬醒，起身後抓了個麵包咬一口，這時坐在一旁的母親隨口說一句：「爽文國中好像很慘。」

他的心震撼了一下，連忙騎上機車前往爽中。沿路的慘況讓他怔忡而不敢置信，到了大夥兒避難的爽文國小，兩個女學生一看見他，彷彿溺水者看見救命的浮木般，開始衝向他、對他哭喊這些日子以來的傷心與恐懼，並問出：「老師，你會不會回來？」

這句話衝擊了他的內心，讓他想起了當老師的初衷。當初自己只是個菜鳥老師，面對整個中寮鄉的偏鄉環境與龐大的教育體制，他不知道自己能夠做些什麼。但從小立志成為老師，不就是為了幫助學生？那一句「為什麼是我？」已經獲得解答，既然他選擇了當一名老師，既然學生需要他，他就願意留下來，而這一留就是十多年。

地震後的希望

一場世紀大地震，讓爽文國中校園幾乎全毀，僅存一間工藝教室沒有倒塌。工藝教室成為全校老師唯一的辦公場所，學生則在一貫道道親臨時為他們搭建的六間組合屋中上課。

退伍後選擇留在爽文國中的王政忠，面臨了更為拮据的環境。但這次不同了，除了王政忠個人心態的改變，地震的破壞，帶來另一層面的轉機；最重要的是，早在王政忠當兵那一年，新來的謝校長已經著手改革學生的生活教育。

得知慈濟功德會接手校舍的重建，學生和老師在看到建築模型後，都發出驚嘆。他們即將擁有夢想中的硬體設備，但王政忠更在意的是軟體工程，也就是教學藍圖。王政忠回來的前一年，謝校長帶著幾位充滿熱忱的年輕教師，在各方面要求學生的生活教育，但光是放學整隊、直接回家這一件事，就是莫大的挑戰。爽中的放學時間一到，門口就有三五成群的青少年跨坐在機車上等著，一車一車把國中生載走；學生漫步到大街上，直接進入店家打電玩；或是旁若無人地在路邊、門口哈菸……這些鄉親早就習以為常的景象，在教育界人士看起來是如此誇張與不可思議。為了改變爽中學生的形象，謝校長等人要求學生放學後必須整好隊出校門，在街上解散後直接回家。結果想當然耳，學生、店家都表示極大反彈，甚至還有青少年為此前來挑釁。

然而地震卻帶來轉機。店家震垮了，孩子無處可去；大自然的力量讓他們驚惶失措，不再是「一切都無所謂」的態度。孩子需要大人們的支持，但父母忙著重建家園無暇顧及孩子，甚至有學生失去雙親。因此這時正有賴專業教師的關懷與引導，不僅將孩子們拉回生活常規的正軌，更讓他們在校園裡獲得最多的愛。

重要的不是換了什麼，而是有換的能力

地震過後，為了撫慰學生心中的傷痛，謝校長利用「災後重建計畫」外聘師資，展開多元才藝課程，不論是捏陶、扯鈴、籃球，學生投入的程度令人驚訝，表現可圈可點。但王政忠認為才藝課程固然重要，學生仍必須擁有基本能力：聽、說、讀、寫。聽懂、清楚表達、讀懂、寫得出來——這是未來出社會重要的謀生工具。

一直以來，爽中學生學習意願低落，對知識無感，而這樣的「無感」可能來自於老師的教學方式、學校的教學環境、家庭因素，以及不知道自己「為何而學」。因此，王政忠和幾名老師攜手進行一系列的教學嘗試，企圖以創新的教材教法，來吸引學生學習。另一方面，為了給予學生「進入知識大門」的動機，王政忠準備改

革、擴大推行獎勵制度。

當時，王政忠已經有幾名「愛將」——來自可愛的學生們，總是無怨無悔地協助他推動各項事務。王政忠認為昔日爽中的獎勵制度之所以成效不彰，應該是「榮譽積點卡」太醜了，無法吸引學生目光。因此他發動愛將們，著手設計一系列精美的新式集點卡，點數不同的積點卡上還搭配不同的唐宋詩詞。王政忠特地將一整套積點卡護貝，等著掀起「集滿點數換整套護貝卡」的旋風！此外，為了讓學生方便攜帶積點卡，他還仿照名校文華高中推出每人一本的「學習護照」，委託全校老師和他一起以積點來獎勵學生的表現。

結果卻讓他大失所望，因為不僅學生對於積點行動相當「冷靜」，連老師們都敷衍以對，成了王政忠老師一人熱衷「送點」、「簽名」的狀況。王政忠閉門苦思，學生們興致缺缺的原因，恐怕還是在於：「集點後能幹嘛？」諸如「記功」，或是遠在天邊已經被騙好幾次都沒有的「禮物」，實在無法激起眾人的熱情。直到某天一名正妹老師提了七袋衣服，說是要送給班上成績進步同學的禮物，突然讓他靈光乍現！

女老師袋內的衣服，其實都是二手貨，但沒穿幾次、看起來很新。這讓王政忠想到：用跳蚤市場的概念來募集禮物吧！於是他著手撰寫二手商品募集說明單，一一向校內每位職員、老師說明，請他們將家中用不到的物品全部帶來學校。然後神祕兮兮地召集學生，表示一個禮拜後「點數換禮物」，不認真積點的人一定會後悔！

沒想到十多個教職員工帶來的「禮物」，竟堆滿十大桌，看得學生瞠目結舌。每個物品都標示兌換的點數，當場就有學生表示「早知道就多努力一點」，聽得王政忠心花怒放，澎湃到簡直要飛上天去了！王政忠更絕的一招，是挑出禮物中最有價值的十二項精品，準備在隔宿露營的晚會推到舞台上，讓學生和家長一起用點數「競標」。

電子錶、棒球手套等精品馬上激起全場學生熱烈地「點數搶奪戰」，點數不夠的同學還向成績好的同學「預借」，表示之後努力學習再還。這時，各科老師不忘提醒「預支」的同學：「好好寫作業啊！」「語文抽背加油。」「上課認真也可以加分唷！」現在連老師都感受到點數的力量了，這就是王政忠的目的！最後一項精品「火烤兩用鍋」推出時，學生的吆喝聲減弱，家長們的眼睛卻亮了起來！當一個羞赧的小女孩以八百點換到了鍋子，一位爸爸轉身對孩子說：「以後每天學習護照都給我檢查有沒有加點！」

對大都會的小孩們來說，二手商品的吸引力也許不大，但對於在九二一大地震後愈加貧窮的中寮鄉家庭來說，一個鍋子、一只手錶，都是相當大的誘因。為了替自己換到棒球手套、替家裡換到火烤兩用鍋，學生們的學習動機被大大地激發！而透過親子一同參與競標獎品的跳蚤大會，讓父母看見自己孩子的學習成效，關注且支持孩子的學習。最重要的，是讓孩子知道，透過自己的努力，會擁有翻轉自己人生的能力。總之，物品的獲取絕不是這個活動的重點，讓學生理解到，自己擁有別人怎麼也奪不走的「換的能力」，才是學習護照與跳蚤大會的最終意義。

這項「學習護照」活動，直至今日仍在進行。一開始的二手商品是由爽中全校教職員所捐助，進而是王政忠向各界募集，但自己必須驅車前往，在一堆一堆、像資源回收「山」的物品中，撿拾出合適作為禮物者。隨著活動的成效凸顯，加上媒體報導，愈來愈多人知道這個活動的意義與帶給學生的收穫，因而從北到南、甚至國外，都有人熱心捐助二手商品。王政忠點了一把火，燃起了如此大的效益，恐怕也是他當初所未想到的。

驚人的學習成果

當學生嘗到點數的甜頭，王政忠聯合其他老師再設計進一步的學習制度，推動孩子的基本能力，包括語文抽背、英文分級檢定、閱讀寫作計畫，並且打造各種發表平台。

語文是一切學習的背景知識，因此老師們的第一步，是擬定中英語文抽背計畫。不同於以往在朝會上、從全校學生中抽出一位背唐詩的形式化抽背，爽中的抽背是每週進行，背完的同學自行找老師驗證，星期一到五的過關點數還不同（愈早背完自然點數愈多）。英文則規劃每週一日的早晨為聽力時間，老師陪伴學生聆聽、朗讀，每三週有一次單字分級檢定，及格則給予點數獎勵。閱讀寫作方面，則規定每月至少閱讀三本課外讀物，完成一篇心得，每個月發表最多篇數的班級，還可享有穿便服到學校的獎勵！

不論是規劃分級內容、建立給分制度、實際認證過程，都十分地繁瑣，但位於偏鄉的爽中孩子必須從如此基本能力開始培養。老師們不嫌麻煩、一步一步養成學生基本的聽說讀寫能力，而為了提供更多發表舞台，不僅協助學生參加外界投稿，也推出校刊、設計學習單、規劃藝文走廊，讓「閱讀，無所不在」！

從實習那一年，王政忠心中就有個聲音：大部分爽中畢業生，都進入私立高職就讀，但中寮鄉是全國最貧窮的平地鄉之一啊！為何窮人反而去念「貴酸酸」的私立學校？

他知道為什麼！因為他們分數不高、沒有太多升學的選擇！

但在民國九十四年，第一批完整接受過這些學習制度（教學希望工程）的學生畢業了，他們用大幅提升的PR值回報王政忠等老師們的努力。王政忠剛到爽文第一年，只有百分之二十五的同學有能力選擇升上國立高中職，而該年卻有百分之六十三的畢業生，考取國立高中職，甚至有人進入國立高中的資優班！

爽文國中絕非以升學為唯一取向，但王政忠堅持讓偏鄉的孩子擁有公平的學習機會。以國立高中職作為成果檢視，是因為進入國立的學校，意味家庭經濟負擔減輕；而繼續升學，則讓這些孩子擁有一條扭轉貧窮的出路，他們的未來由此具備了更多可能性。偏鄉教師持續而克難的努力，證明只要給予孩子適當的環境與動機，每個人都可以發揮潛能，開出令人驚豔的花朵。

學校讓我們好有收穫

地震後的爽文國中，因為陶藝、籃球、扯鈴等有趣的課程，已經逐步改變學生對於「學校＝無趣」的印象。爾後，集點卡激勵下帶來的學習浪潮，讓孩子們建立了自信，對於學科不再反彈。然而爽中的老師們還想做到更多，於是，他們玩起了多元課程。

課本內的知識畢竟遙遠，自己的家鄉擁有最親近、可以直接觀察到的人文史地和自然生態。因此，爽中的老師們規劃了「走進村莊」的課程，讓學生聆聽地方耆老講述文史，或是從導覽解說員口中習得家鄉的風土民情。

鄉土教學可以利用在地資源，但諸如繪畫、音樂等藝能課程，就必須絞盡腦汁、想盡辦法了。像爽中這類位於偏鄉、只有六個班級的學校，師資編制除了學科（國英數社自）的老師之外，不可能招聘藝能科老師。因此這些科目，只能由既有的老師硬著頭皮上場，等於變相地剝奪了學生接受專業藝能教育的權利。好在王政忠本人除了國文專業，碰巧體育也強到不行，所以他們少了找體育老師的煩惱。不過在其他方面，若不想繼續克難地「兼職」下去，就必須尋求方法突破！

於是他們透過地震後向政府申請的專案重建經費，外聘藝能科老師。這些老師們有的是對故鄉抱著一份情，有些是被王政忠老師「騙」來的，有些是退休老師，甚至還有兩岸當代百大畫家！每一位都「身懷絕技」，一出手就讓學生嘆為觀止，在他們的努力下，大大激發學生的創作潛力。能夠持續邀請這些藝文人士入校，並不是因為經費充足。重建經費實在有限，買完硬體器材可能就耗去一半了，支付老師的教學費用常讓他們捉襟見肘。因此，關鍵往往在於邀約的那一份盛情，或者——策略。

某一個學期開始前，現任美術老師忙到無法接任新學期的課。這時，王政忠想起自己每天回家都經過的一間畫室。他對這間畫室印象深刻，因為每次他探頭偷瞄，地面永遠擺著他最愛的棒球器具。為了不讓新學期的美術課開天窗，王政忠硬著頭皮敲了畫室的門，登堂入室，就這樣和畫家聊了一個多鐘頭的棒球。週日，他們相約在中興新村的操場練球，不到半小時，畫家對於王政忠的球技起了崇拜之心，簡直就要拜他為師了。王政忠乘著這個興頭迸出一句：「你要不要來我們學校教美術？」就這樣，相當巧妙地就讓畫家踏進爽中校園了。

由於多位熱心的外聘老師，讓爽中學生得以享有專業的藝能教育，而他們也不辜負老師們的努力，長久下來，屢屢在繪畫、拉胚等技職比賽包辦多次冠軍，參賽學生得獎率幾乎是百分之百。驚人耀眼的成績，讓某一年主辦單位不解地打電話來問：「爽中是有美術班喔？」一句話聽得老師們抬頭挺胸、得意洋洋。部分在學科上表現不突出的孩子，卻因為優秀的藝能成績，甄試上國立高職，展現了「多元升學」、「適性培育」的教育成果。

最令人驚奇的，是絲竹國樂團的成就。在有了靜態的藝術課程之後，他們希望也能有動態的音樂課程。在一連串的奔走與籌備下，有了師資、樂器，儘管學生們完全沒有音樂基礎，但國樂團的誕生勢在必行！雖然一開始演奏出的音樂簡直只

▲王政忠教學時認真的姿態

能用殺雞來形容，但相較於之前學生完全沒有接觸樂器的機會，就算只是拉出一聲音符，對偏鄉的學校來說，已經是莫大的進步。

國樂團成立一年後，他們辦了成果發表；成立第二年開始，他們挑戰參加學生音樂比賽。儘管面對比他們擁有多好幾倍資源的強敵，好幾年都與優勝無緣，但在王政忠心中，這些認真演奏的孩子就是永遠的第一名！國樂團自民國九十二年創立，隨著每一年的成長、每一屆學生的努力，終於在民國一百年，也就是創團的八年後，在全國學生音樂比賽中獲得優等！爽中的絲竹樂團證明了只要有舞台，他們是辦得到的。往後兩年的學弟妹，延續學長姐的認真與優秀，一樣在比賽中獲得優等。民國一〇三年，他們登上南投文化中心的大舞台，對外發表了樂團十年來的成果，而這些是十多年前宛如「動物園」的爽文國中想都想不到的。

陶藝、繪畫、國樂畢竟只是藝能科目的一小部分，儘管經營有成，但學習不該被設限。於是王政忠等老師們策劃在學校舉辦兩天一夜的「隔宿露營」，活動整合七大領域課程，包括鄉土走讀、學科闖關，還有野炊體驗，晚會表演則是整個活動的高潮，由老師指導各小組完成劇本、道具、配樂等製作。學生十分熱絡地參與，尤其在晚會節目的籌備中，發掘自己的專長、全力展演，讓整晚的節目驚奇不斷、毫無冷場。晚會落幕後，操場上搭起一個又一個帳棚，學生興奮地在裡面嘰嘰喳喳，體會不曾感受到的露營樂趣。

不論是創意的教學、精彩的活動，王政忠始終重視的是：「孩子到底從中學到了什麼？」學校應該是個讓學生充分學習且收穫豐碩的地方，來校的學生都是學習的主角。這讓我想到近年頗為風行的一個網頁：*PaGamO*，設計原則是讓學生在遊戲攻防戰中，累積解題的能力——例如在攻城掠池之前，你必須先解開一道數學。網站創辦人葉丙成教授，也推出「*BTS*無界塾」的教學創新嘗試，企圖召集一批好奇心旺盛的孩子，進行為期八年的團體自學計畫。當「重視孩子學習成果」的翻轉教育慢慢風靡全台，更證明了十多年前就在偏鄉耕耘翻轉教育的王政忠，塑造了一個趨勢以及模範。

沒有資源，就來整合資源

其實王政忠的專長，從一開始就是教學（是的！還有體育），而非行政。要規劃嶄新的課程，舉辦趣味性的活動，他自己可說是不斷地學習、不斷地思考、到處跟人討論，也四處「取經」。為了提升自己，他考取課程教學研究所；為了設計課程，他和同事討論到午夜；參加活動東看西看，也是拼命在想，哪些可以用在改善爽中孩子的學習品質。民國九十年，他在一場藝文成果發表會上，看見自己學區內的小學生，樸拙而亮眼的學習能量；隔年，他參加英語教學策略聯盟的成果發表，看到國小孩子在台上以英文演話劇、唱歌，讓他感動不已。在資源匱乏的中寮，依然可以有動人的展現——這個刺激在他的腦中發酵。

偏鄉的師資一直是個受到忽略的問題，對許多被分配到偏鄉的老師來說，這只是一個無可選擇的權宜之計，故時間一到，就會找機會回到資源豐富的大都市去。而這樣流動率頻繁的狀況，也代表著教學品質的不穩定，進而影響了孩子受教的權益，多少偏鄉學童的學習成長機會就這樣被剝奪了。

位於北中寮的爽文國中，處在特別偏鄉的弱勢地區，面臨偏鄉教師高流動率的問題，王政忠發現，其實可以整合各校資源。每個學校有不同專長領域的老師，有各自的藝文發展特色，甚至硬體設備也可以共享，還可以合併舉辦更大規模的跳蚤市場，在校際的良性競爭中，強化榮譽制度。因此王政忠與爽文國小、清水國小、永和國小達成協議，民國九十二年，「四校策略聯盟」成立。

一開始，四校舉辦聯合運動會，接著進一步展開教師間的討論對談。王政忠深知教師間的對話，對於孩童的學習有莫大幫助，因此規劃了每學期兩次的專業領域對話，針對設定的主題，教師們聚在一起討論教學心得、擬定解決策略。王政忠更整合了各校的藝術資源，讓爽中得以擁有畫家、陶藝家、國樂老師進駐。

▲王政忠與國小生也打成一片

四校策略聯盟最大的活動，就是每年的聯合成果發表，包括動態、靜態藝文展。民國九十五年，第一屆藝文成果展開演，一群國小、國中的孩子，自己上台主持、演出戲劇，甚至還能「說相聲」，讓在場的家長個個驚豔不已。而節目的壓軸則是爽文國中、清水國小合奏絲竹樂，在觀眾相應和的掌聲中，「嗨」到最高點。像這樣歡樂與感動交織的聯合發表，年年上演。

爽中青年軍，出動！

民國九十七年，王政忠在準備第九屆*Power*教師的申請文件時，赫然發現：原來自己做過這麼多事情！他像一頭一直往前衝的獅子，無暇認真記錄每一天的心情與收穫，也並未預設學生要給他什麼返饋，然而學生的回報卻源源不絕。除了成績進步、進入公立學校、在各領域獲獎、生活教育大大提升……最令人感動的是：他們捨不得離開學校、捨不得和老師同學們分離！

第一屆完整經歷爽中「教學希望工程」的學生，從國一開始，就跟著王老師打慢速壘球。歷經兩年熱血沸騰的大小比賽，全班感情好得不得了。即將升上國三那年，王政忠提出暫停活動，先好好用功讀書的建議，但大家都捨不得放下球棒。為了讓學生認真準備考試，他隨口敷衍說道：「考完基測，如果你們還想玩，就來組一支球隊吧！」

畢業是各自紛飛的季節，約定的聚首往往只是用來安慰的辭令，最後都難以實現——一開始王政忠是這樣想的。結果一考完，出乎他意料，每一個學生都回到學校找他實踐諾言。於是當年七月，壘球隊正式成軍，取名為「*A's*」。隊名除了有

「王牌」的意思，同時也是王政忠（*Alex Wang*）的學生——*Alex's students*之意。這一群第一屆的畢業生，從升高一那年暑假開始，每週六集合在爽中練球。即使開學後，大家還是會在週末返回母校，聚在王政忠的身邊，瘋狂打一場球，或出征去比賽。

每一年的暑假，*A's*成員都會增加，因為考完基測的孩子總會回到學校找老師打球、泡茶、聊天、借用電腦。每週六練球前後，王政忠的辦公室便兼作球員們的茶水間、更衣室、休息室。他戲稱自己的辦公處整個有「鄉間大樹下」或「土地公廟口」的功能性。

這支人才濟濟的球隊，絕對不只有

▲熱血的*A's*壘球隊

「聚在一起打球」這麼單純的功用。王政忠早就想好了，他們還可以回校擔任志工。在王政忠的號召下，這批學長姐帶動起「畢業生返回母校服務」的熱潮。除了協助籌備舉辦聯合運動會，他們也擔任暑期課業輔導的認證員。看著有如此向心力的畢業生們，王政忠腦筋又動起來了：*A's*壘球隊已經為北中寮留住人才，那他們接下來還可以為鄉里做什麼事情？例如：回母校來舉辦有趣的營隊？於是他向*A's*們提出了青年服務隊的想法，幾經討論，「爽中青年軍」在民國九十七年成立，成員從高一到大四都有，其中還包括正在與大考奮戰的高三生。在地的廖爺爺伉儷特地將新落成的木屋「瀧林書齋」一樓，提供作為青年軍的本部。

在第一次「軍團大會」召開後，青年軍們開始利用週末，不定期到社區內的景點龍鳳瀑布，展開「淨溪」運動。隔年，在幾乎沒有經費的情況下，王政忠大膽實踐青年軍第二個夢想：為社區小朋友舉辦「爽青棒球生活營」！依照王政忠不變的教育初衷，營隊不只是打棒球，還要學到更多東西！他帶著青年軍召開無數會議、擬定課程、確認繁瑣的行政細項，此外，還要四處募集經費、借用球具、製作海報道具、採購茶水點心。

熱血營隊的背後，有著動人的故事。提供青年軍運營本部的廖爺爺、廖奶奶，在王政忠不知情之下，挨家挨戶向社區居民說明棒球營的意義，募得部分餐費的贊助款；隔年更親手製作布包、手工香皂，到教師研習營義賣。當王政忠手中接過廖奶奶義賣得來的款項，感動得不知如何是好，只能以營隊的大成功來回報爺爺奶奶。

在棒球營當中，小朋友學到了球技、禮貌、感恩，更感染了大朋友的熱情、認真、歡喜，在為彼此喝采與感謝中，他們建立了溫暖的友情。想必在孩子心中，已經留下了「好喜歡大哥哥大姐姐」、「好喜歡我住的這個地方」的心情，而這就是王政忠期待爽中青年軍奉獻鄉里的效應。

爽中畢業的青年們，用他們的熱情照亮這個曾經灰暗沒有希望的地方；而王政忠老師，則從根本改變這個因為留不住青年才俊而陷入惡性循環的窮鄉僻壤。他所做的，不僅是把學生教好、送出校門，而是真正實現了「教育」的意義。在踏實而樸拙的努力下，民國九十九年，爽中青年軍第二次入圍全國優秀青年團隊，他們超越了前一年的展現，獲得創意服務獎，這可是全國最後四強啊！大家都樂翻了。正如同王政忠一開始就確信的：「我們，一定會被看見的！」

翻轉進行式

王政忠老師做到了！民國九十七年，他獲得了*Power*教師國中組全國首獎；民國一百年則是*SUPER*教師南投縣首獎；一〇三年獲得師鐸獎，他成為全台唯一一位同時三獎在身的老師。十多年來，他不是學生們生命中的過客，他是一個勤勞的農夫，將貧瘠的土壤翻耘為沃土，栽下希望的種子。從這塊土地上成長茁壯的孩子們，並非個個都是資優生，卻個個都是獨一無二的人才。更難得的是，這些孩子因為王政忠老師，知道自己可以有不一樣的價值，而且未來他們在社會上，都是願意服務大眾、能夠體貼他人、並時時感恩的大人才。

民國一〇一年，王政忠又開拓了一項偏鄉不敢想像的學習資源。他與美國聖羅倫斯大學的王瑩老師合作，展開遠距英語教學模式，讓爽中的學生可以直接與美國大學生進行視訊對話。為了讓學生實際有收穫，老師們根據英語課程的進度，事先規劃好對話內容，讓這群國中生既能接觸真實的英語環境，提升聽、說能力，同時展開國際視野，認識西方生活與文化。

但視訊課程畢竟接觸有限，若能讓雙方實際見面、一起生活，豈不能真正克服語言障礙、使用更多英語？一想到這裡，王政忠興奮莫名，連忙撰寫計畫書，向教育部申請國際教育交流經費。但因為爽中沒有老師參加過國際教育研習課程，計畫被駁回。王政忠不死心，決定自己來募款。每當企業邀請他去演講，他便努力宣說自己的理念，以求對方的贊助。

此時，美國的王老師傳來好消息，有意來台的美國大學生們願意自費一半機票錢。美國大學生都願意遠洋前來了，台灣也一定有大學生願意深入偏鄉服務，於是王政忠著手製作文宣，招募台灣大學生加入英語志工營隊。民國一〇二年暑假，美國大學生、台灣大學生、兩個熱情的王老師，以及期待已久的國中生，在爽文國中相見歡，展開為期十二天熱到爆、卻也熱血到爆的英語夏令營。這項英語夏令營的志工招募，持續到第二年、第三年……王政忠渴望未來每一年，爽中的學生都可以與來自世界各地、台灣各地的愛心相見。

十多年來，王政忠在做的其實就是翻轉教育，且至今一直在進行。他的*POWER*法則——堅持孩子才是學習的主角（*Persistence*）、發展創意教學策略（*Originality*）、讓孩子認知到自我價值（*Worth*）、引發孩子的學習熱情（*Enthusiasm*）、給予孩子「成就他人」的責任感（*Responsibility*）——徹底翻轉了偏鄉的爽文國中、甚至是整個中寮鄉的命運。如今，爽中畢業生不僅擁有升上高中的「學力」，更具備持續學習的動力、為人奉獻的品格、返鄉服務的使命，簡而言之，他們已經能夠自主追求自己的未來。王政忠「翻轉教育」的故事讓灰心喪志的老師重新燃起了希望，讓偏鄉教師不再自怨自艾，因為他們擁有的，可能都比王政忠多。王老師證明了，只要一心為了孩子的成長，不論在何種條件下，可以創造原本以為不可能的奇蹟。

而各種培育人才的創意、熱情、價值觀、責任感，都須回歸到「教學」的本質。民國九十八年，王政忠自行研發設計的*MAPS*教學法，是以學生為中心的原創

▲爽中英語夏令營的海外志工

教學法，包含四個核心元素：*Mind Mapping*（心智繪圖）；*Asking Questions*（提問策略）；*Presentation*（口說發表）；*Scaffolding Instruction*（同儕鷹架）。

*MAPS*教學法是透過不同功能取向的提問設計，引導學生於課堂上進行小組共學，結合課堂外自學，最後完成包括「*I see*」、「*I feel*」、「*I think*」三方面的完整心智繪圖。學生在完成心智圖後，必須進行口說發表、相互評論，以確認其閱讀理解已達到精熟程度。接著，透過各種分類的小組合作，促進同儕搭建學習鷹架，以確保各種程度的學生都能有效學習與提升動機。

*MAPS*教學法設計四個學習進程（*Process*），逐步引導學生由*P1*共學階段進入*P4*自學階段。由於城鄉數位資源的差距，*MAPS*教學法不同於其他翻轉教學（*Flip teaching*），一開始就要求學生在家看完各類型線上學習媒材，而是強調透過系統化教學設計引導，激發學生在課堂上自主學習。唯有當學生成為自我學習的主人，課堂外各種形式的學習才會發生。

*MAPS*教學法已榮獲民國一〇三年教育部評選的教學卓越團隊金質獎——也就是在全國九百多所國中取得第一名。目前持續引領台灣教育現場，進行草根的教學翻轉。

王政忠對教育的擔心與努力仍然不斷持續著。透過演講與著作，他希望讓大家知道，困境可以逆轉、命運可以改變，只要願意付出努力，很多我們原本以為不能動搖的制度、不可能得到的資源，都能透過創意或整合，有超乎想像的突破與發展。期待王政忠的教學精神與偏鄉翻轉典範，能在更多需要扭轉教育現狀的地方，開花結果！

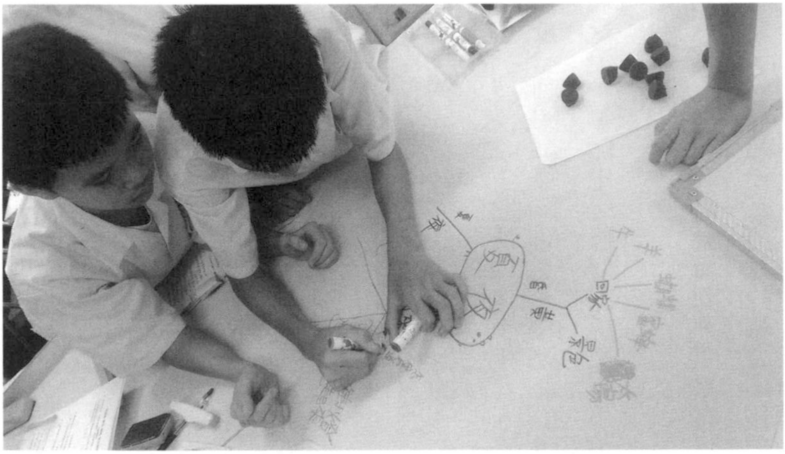

▲MAPS教學法之一：繪製心智圖

社會暖流沁人心：小人物匯聚的大力量

白髮蒼蒼的老志工、捐出畢生積蓄的榮民伯伯、
操著一口流利台語的阿多仔醫生、一個便當只賣十元的阿嬤……
這些默默無名的小人物本著一股熱忱，
匯聚成台灣社會裡的一道暖流。

在台灣這小島上，處處可見溫暖人心的故事。外國背包客最廣泛流傳的一句話即是：「台灣最美的風景，是『人』。」光是搭乘大眾運輸工具，都可以看到一幅幅親切的風景；各個鄉鎮間，也不時傳來「一步一腳印、堅持助人」的故事；而不少雜誌書刊，更是竭力在著重社會案件的媒體亂流中，開出一條條報導感人事蹟的路。

閱讀報章雜誌早已成為我生活習慣的一部分，比起觀看電視新聞，閱報有時更易獲得對生命的感動。某天早晨，我一翻開報紙，看見賴桑賴倍元的報導，報紙用

四分之一的版面介紹他的植樹故事。幾十年來經營事業有成的賴桑，不同於多數成功企業家回饋社會的方式，熱愛自然的他選擇購地植林，在植叢日漸稀疏、甚至露出黃土的台灣山頭上大量種樹，期望恢復茂密如昔的青翠山景，將這些珍貴的森林資產、美麗的動植物留給後代國人。為了理想，他散盡家財，還曾被誤解大量購買山坡地的動機，家人由起初的反對到支持，這一路走來不易。他已默默地進行了三十餘年的買地種樹工作，直到被媒體報導出來才廣為人知，也再次喚起國人對保育山林的重視。這篇報導深深震撼了我，當大部分的人都在伐林、變賣土地或建屋，台灣社會卻有人默默植樹三十年。賴桑的成功讓我省悟到，為了地球、為了人類的奉獻，不論行善或環保，本來就不是只有一條路。

陽光傷友俱樂部創辦人陳明里的故事同樣令人動容。二十歲那年，因工安意外遭嚴重灼傷而造成人生巨變，他也曾自怨自艾、羞於見人。在家人的鼓勵下，陳明里不但重新站起來走出家門、面對群眾，還協助有著同樣遭遇的傷友，鼓勵他們重新面對人生。他創設陽光洗車中心，讓謀職不易的傷友到陽光洗車中心來工作；並積極投入社會運動，推動修法以保障殘障者的權利。從助己到助人，陳明里不但走出自己的一片天，也幫助了許多類似遭遇的受害者，讓社會大眾對工安管理、職災賠償、殘障福利等意識提升。經過多年努力，陳明里獲十大傑出青年社會服務獎榮銜，並出書鼓勵了無數傷友。

讓我印象深刻的不只是這些已獲媒體廣泛報導的人物，在我們的社會上，還有許多默默付出的小人物同樣令人感動。這些小人物或許亦曾被媒體報導引起大眾注意，或許只刊載於報紙的一隅而被多數人所忽略。但他們的精神與行動，是推動台灣正面能量提升的偉大功臣。

活到老學到老的志工人生

民國九十八年高雄世運會盛大展開，由於活動規模龐大，高雄市政府因應接待、醫療、文化觀光、交通運輸等需求而大量招募志工。在一群充滿活力與熱情的年輕志工中，卻有一個白髮蒼蒼的身影活力不落人後地在培訓場地穿梭。身為世運最年長的志工，他擁有過人的熱情，更展現出充沛的精力，相較於身旁的年輕人毫不遜色，這名長者便是翁進科。憑藉著生長於日治時期的背景，他能說一口流利的日語，負責在世運中接待日本相撲裁判長山內。因兩人相處甚歡，長山內回國後還特地寫email向翁進科表達謝意。熱忱、認真、全力以赴，是翁進科一貫的服務態度。高雄世運並非他初次的志工經驗，他當志工的資歷已長達四十多年，待過的服務單位有十幾個，簡直可稱為「志工狂」了。

翁進科本職是中油煉油廠工人，剛開始只是對「志工」這樣的工作感到好奇。民國五十九年，高雄市生命線開線，他在籌備階段去參加志工培訓，就這樣開啟了他志工人生的契機。當時中油的工作為輪班制，他在工作之餘每週花三小時去生命線報到，接聽求助者的電話並給予安慰輔導。起初他瞞著妻子默默擔任志工，每週消失三個小時，妻子也不疑有他。直到翁進科開始戒酒、戒菸、戒檳榔，妻子才發現先生有點「不一樣」了，追問之下他才坦言自己每週都偷偷去做志工。

真正讓他願意投入大半生命在志工工作的原因，是某次與求助者通話時，對方起初不停哭泣，經過他的開導之後，結束

▲熱愛學習的志工：翁爸

通話時對方不但收起哭聲，還笑開了。這樣的經驗讓他感受到自己正在做的事，不但可為他人帶來改變，甚至可挽救瀕臨絕望者的生命，於是他一做就是數十年，更在退休後全力投入志工活動。

人稱「翁爸」的翁進科，志工範疇橫跨生活、文化、社會、法律，無論是動物園、地檢署、消費者基金會，都可見到他勤懇服務的身影。也因為翁進科總是無私地奉獻，民國八十年，他榮獲第一屆「金暉獎」志願服務類獎項；到了一〇二年，再次得到第十五屆「金暉獎」的肯定，被頒與了「特殊貢獻服務獎」。面對許多人的讚賞，他表示自己只是盡力而為，儘管年事已高，但他認為擔任志工可讓他動腦思考、舒活筋骨，不僅可延遲老化，更重要的是能夠透過自己的一份心力獲得巨大的成就感。

因為豐富的志工經驗，翁爸時時保持著開闊的心胸，面對任何新事物皆願意嘗試。抱持著做志工時可能派上用場的心態，無論是語言、電腦等，他都主動學習，對翁進科來說，「活到老、學到老、幫到老」就是他人生的座右銘。

窮自己、富別人的榮民伯伯

民國一〇一年，退輔會收到八百二十萬元的捐款，用來幫助榮民的遺孤，此位捐款人更將名下三間不動產捐給創世基金會，總捐助金額接近四千萬新台幣。見到如此龐大的捐款的數字，一般人可能會以為又是某個商業鉅子大發善心、捐錢助人，但其實這筆捐款的幕後「金主」可不是穿著名牌、坐著名車，他只是一位過著深居簡出生活的退伍軍人——呂振誠。

呂振誠於民國二十二年出生在上海。母親在生下他四十天後就過世了，而父親續弦的後母不但未能彌補他欠缺的母愛，還對他的教養特別苛刻，加上父親的漠不關心，使他從小就缺乏親情的關懷。國共內戰後期，上海情勢動盪，呂振誠在某次被父親毒打後離家出走，卻不知該落腳何處，對當時年僅十六歲的他而言，包吃包住的國軍是最好的選擇，於是他進入國軍服務，成為進駐上海國軍七十五師的其中一員。展開軍旅生涯的他還沒有機會與共軍交戰，就跟著部隊撤至舟山群島，在舟山群島待了一年之後到了台灣。這一待就是一輩子，從此再也沒有回過中國大陸。

民國五十二年，呂振誠從上士退役後，到台北榮總擔任技術員，一直到七十七年才從職場退休。這期間呂振誠辛勤工作，且榮民身分有月退俸可領，節儉過活的他因此攢積不少存款，位於士林的三間房就是這樣一點一滴存下來的。年事已高的呂振誠沒有妻小，生活也過得相當簡單，加上他覺得自己記性漸差，擁有這麼多資產對他而言並無太大助益，不如捐出去給需要的人。於是呂振誠指定將八百多萬存款捐給台北市榮民服務處的遺孤專案，房子則捐給創世基金會以協助植物人的照護。至於自己的生活起居，他說每天兩、三百元即夠生活，靠月退俸的收入便已綽綽有餘。從小缺乏親情溫暖的他，自民國一百年起固定從月退俸中撥出一萬元，用來認養榮民遺孤，並於台北市失親兒福基金會認養了十二名孩童，希望他們能夠獲得更好的照顧與教育。畢生積蓄涓滴不留，呂振誠一點也不覺得可惜，認為錢「只要夠用就行」。

這樣無私的奉獻精神無獨有偶，另一位榮民胡壽宏也將畢生的積蓄全捐出來，資助那些需要幫助的榮民遺孤。

高齡九十多歲的胡壽宏，民國三十八年隨著國民政府的部隊撤退到台灣，因傷退伍後就在公路局、新竹培英國中等公家機關擔任工友，直到民國七十二年退休。胡壽宏退休後，一直居住在新竹新埔鄉下僅十坪的簡陋房舍中，過著清苦的獨居生活，一晃眼就過了三十多年。他曾在三年之間，將身邊的現金拿去購買股票，當作儲蓄投資，從未去看盤。直到民國一百年，胡壽宏因見到陳樹菊的善行，加上身邊許多榮民遺孤連升學的費用都沒有，因而決定變賣股票，先後捐出共六百萬元給新竹榮民服務處，並認養三十多位榮民遺孤。

收到鉅額捐款的榮服處在驚訝之餘，派員到胡伯伯的住處表達謝意，卻意外發現捐款人不但獨居且年事已高，住的地方還家徒四壁，於是協助將他安置到新竹榮民之家以接受妥善照顧。在胡壽宏的協助下，得以繼續升學的榮眷遺孤也都不負他的期望認真向學，且因感念「胡爺爺」，這些孩子會定期到榮民之家探視他。受到如同自己孫子一般的圍繞，胡壽宏因此開心不已。

呂振誠與胡壽宏並非唯二的善心案例，社會上還有很多物質條件不見得充裕，卻無私地將金錢、時間奉獻給大眾的庶民，他們心中的財富想必是無可比擬地豐美！

愛呆丸的「阿多仔」醫生

「呷飽沒？」一句稀鬆平常的台語是台灣人日常生活問候的標準語詞，但若這句問候來自一位深目高鼻的「阿多仔」呢？在恆春曾有這麼一位外國人醫生，操著一口「輪轉」的台語，臉上總是掛著親切的笑容，當病人前來問診，也總是不厭其煩地詳加追究病因，並對症下藥。當地有些居民不知他的來歷，見其台語流利，還問說：「洪醫生怎麼長得這麼像外國人？」而這位細心、耐心、受當地人愛戴的醫生，就是洪仁德（*Adams Randy Steven*）。

洪仁德來自美國，畢業於北卡羅萊納大學醫學院，並完成三年的住院醫師訓練。信仰虔誠的他，接著到神學院接受一年的訓練，希望以醫師宣教士的身分完成宣揚信仰的目的。一九八〇年代，他隨著教友來到亞洲，對台灣的廟宇文化感到驚奇不已，於是有了停留台灣的念頭。然而一開始申請到台灣服務並不順利，曾歷經一些波折，直到彰化、台南和恆春的基督教醫院有了人手需求，他才如願以償地到台灣行醫。

來到台灣展開新生活，洪仁德首先遭遇到語言問題，為了能順利與當地居民對話，他開始學習台語。他花了兩年時間，經常上街與他人對話來練習台語。初學台語期間，他還曾經鬧過將「李子」講成「椅子」的笑話，讓對方搞不清楚他在說什麼。

洪仁德一度落腳於屏東醫院恆春分院，此時他的台語已經「在地」到讓人對他的國籍感到混淆。也因為語言相通，他得以快速融入當地生活，甚至因恆春地區的原住民多為排灣族，他對排灣族語也能說上幾句。而語言對他最大的幫助，便是在醫治病人的時候。因為他講求「身心靈療法」，不僅治療外在的病徵，也醫治心理因素導致的不適。曾有位頭痛患者前來求診，卻遍尋不著頭痛的原因，洪仁德透過談話，得知患者的親人前陣子剛因腦瘤離開人世，推斷患者因為過於憂心自己可能罹患同樣病症，因而導致頭痛。經過洪仁德的診斷與開導，病患頭痛的情形也就不藥而癒。另一方面，他認為看病要看進病患的內心，因此限制每天的看診人數，讓每位病患的看診時間得以寬裕一些，才能真正理解病人的需求。

恆春並非台北、高雄這樣的大都市，資源難免不足。洪仁德不向醫院支薪，只領取教會給的微薄薪水，卻得兼看小兒科、皮膚科甚至婦產科，但他不以為苦。許多人不解地問他：在美國有房、有車，還有每個月五十萬以上的高薪工作，為什麼會願意到偏鄉忍受生活上的不便與貧乏的物質生活，且一待就是二十年？他說物欲並非是人生的全部，強調是信仰引領他們、為他們帶路。對他來說，每天可以看見美麗的黃昏景色、偶爾還能見到彩虹的生活，便相當愜意了。

洪仁德在台服務二十多年，年紀漸長，於是準備將門診時間減少，轉而花更多時間在社會服務與傳教的工作上。但由於外籍人士的工作簽證有薪資門檻，若減少門診，可能無法以工作的名義續留台灣。民國一〇一年，洪仁德終於在立委的協助下，獲得移民署頒與「永久居留證」，作為他對台灣特殊貢獻的肯定。洪仁德在獲頒永久居留證的活動現場笑得合不攏嘴，成為第二十二位因特殊貢獻獲得永久居留的外籍人士。他除了不斷感謝台灣，還說人家若問他從哪裡來，他都說是從恆春來的，儼然已經將台灣當成他的第二故鄉。

除了洪仁德，台灣還有許多外國人因熱愛台灣，願在這塊土地下奉獻專業。感念數不清的外國朋友，相信他們的善行與事蹟將隨著更多曝光，溫暖小島人民的心。

餵飽眾人脾胃與心靈的十元阿嬤

民國一〇四年的春天，在高雄鹽埕一場別開生面的告別式來了近兩千人，除了家屬外，許多與往生者無親緣關係的工人、政府官員都陸續現身。他們全都是為了追念一位阿嬤而來，也就是有著「窮人守護神」、「十元阿嬤」之稱的莊朱玉女。

莊朱阿嬤在民國八年出生於澎湖，婚後隨先生定居高雄。阿嬤的先生一度被日本政府派去南洋當軍伕，堅強的她便帶著孩子到台南、嘉義避難。所幸光復後她的先生平安歸來，全家人得以團聚。莊朱阿嬤一家在高雄港附近經營工程包辦，生活因此逐漸豐裕起來。

當時阿嬤看見許多同鄉的碼頭裝卸工人生活艱苦，有時連三餐都沒有著落，甚至無處可住，體諒這些「出外人」的辛苦，她將包辦處的倉庫免費出借並供應餐點，希望工人們累了有地方休息、餓了有飯吃以補充體力。但因免費供餐的開銷過於龐大，莊朱阿嬤改成象徵性地酌收三元。她後來遷到公園路橋下賣自助餐，仍僅收十元。問阿嬤為什麼供餐的價格如此低廉，她說因為她容易心軟，無論做什麼行業，她都「不敢」賺太多錢，買賣東西賺錢本是天經地義，但阿嬤卻彷彿將賺錢當成占人便宜一般，就算入不敷出，也堅持要用最低廉的價格販售便當。

儘管價格低到不可思議，莊朱阿嬤供應的菜色可不馬虎，她每天親自推著娃娃車上市場採購食材，從備料到煮食，完全不假他人之手，有時被鄰居看見她邊推車邊打瞌睡，令人感到相當心疼不捨。而在阿嬤的巧手下烹煮出來的菜色十分豐富，色香味俱全，絕不輸給一般的自助餐店。聽聞只要一個銅板便可吃到飽的自助餐，除了工人外，許多遊民、甚至經濟不虞匱乏的民眾，也都來吃阿嬤煮的飯菜，最多一天超過兩百人來用餐。

阿嬤不願去計算這些年來她究竟虧了多少錢，為了持續供應自助餐，她不僅前後賣了七棟房子，還一度負債。她只想著：「若我不去賣，那些工人要怎麼辦？」家人雖然明白阿嬤的善心，但考慮到即使不論虧損如何，阿嬤的年事已高，每天除了準備飯菜，有時還得去撿拾資源回收以貼補菜錢，看在晚輩的眼裡非常不捨。為此，她的兒子動用了七個舅舅一同向阿嬤遊說，希望她可以停止販賣便當。沒想到此舉被阿嬤駁斥，舅舅們反倒要阿嬤的兒女們別管了。家人只得特別留意阿嬤的身體健康，並在金錢上持續支持阿嬤的善行。民國一百年莊朱阿嬤榮獲高雄市政府頒發的「城市英雄獎」，以表揚她的義舉。隨後不久，阿嬤因為輕微中風，在家人的力勸下才停止了供餐。

在阿嬤的告別式上，會場的花籃綿延一百多公尺，許多當年曾經受她幫助而免於挨餓的工人如今也已白髮蒼蒼，特地前來送阿嬤最後一程，談起阿嬤的善心，他們仍感念不已。而她的子女為了紀念阿嬤並延續阿嬤的愛心，成立「莊朱玉女慈善會」，協助更多需要幫忙的人。回顧莊朱阿嬤的一生，就是不停地「給予」，無論前來拿取的人是否真的需要幫助，她的愛心既不挑人也沒有資格限制。即使她的形體已從這世上消失，莊朱阿嬤遺留下來的精神與典範卻將長存不熄，持續拂煦著我們的心。

我深信，台灣還有更多默默為社會行善的人物，或許他們並不遙遠，就在你我身邊。他們的行為，在在鼓勵著自認為經濟吃緊、也缺乏時間、無法奉獻社會的人。奉獻社會並不一定要是多麼了不起的大事，我之前聽說過一位「鐵釘哥」的故事。他在上班途中看到陸橋上的鐵釘，心想這小小一枚釘子也有可能釀成大禍，從此開始他拾取鐵釘的每一天。從一座陸橋，更延伸到五十多座陸橋，他撿起了數量驚人的釘子！原來人們每天經過的陸橋，竟蘊藏著這麼多危險，而他小小的舉動，蘊含著體貼路人的無限溫情。鐵釘哥至今仍持續到橋上巡視，而且將此舉當作運動，樂而不疲。

也曾有一群台大的年輕人，利用大學的「創意創業學程」，將商業思維結合社會公益，為原住民哈凱部落的重建家園夢想，進行募款。民國八十五年，哈凱部落在賀伯颱風中全毀，由於沒有重建經費，居民在組合屋住了十多年。直到民國一〇二年，在部落青年的努力下，終於順利完成永久屋建設的招標。但建商的預算只能完成房子外觀，內裝的部分必須由居民自行負擔。此時，來自各界的募款，為哈凱部落帶來了希望。上述提到的台大學生，以創意和愛心加入這個善行。他們與知名鳳梨酥品牌「微熱山丘」合作，推出「天使蛋糕」的義賣活動。學生們自行架設募款網站、製作影片、發想文案，完成視覺設計與訂貨系統，建構起完整的募款管道。在這個過程中，他們也聯繫企業、物流公司、行銷公司，希望能接通企業的資源，最後成功吸引黑貓宅急便、玉山銀行、奧美行銷公司的加入與義務贊助。年輕人結合強大的網路運用能力與社群力量，最終為哈凱族人募得一百萬元！大學生的愛心與創意帶動企業無償地為弱勢奉獻，是我在這個故事中感受到最溫暖的力量。

在醫療資源極度缺乏的偏鄉，有抱病看診的溫暖醫生；各地發生災禍時，有自掏腰包清除路障、帶著藥品進入救援的醫療團隊；競爭激烈的民間咖啡事業，仍有堅持進口公平貿易咖啡豆的經銷商；更有數不清的基金會和聯盟，為民眾監督政治人物、分析環境影響評估、抗議侵害人權的法條、阻撓基因改革食品進入校園……這一切的一切，都是台灣庶民在自己的專業領域或近鄰生活中，努力盡一份心的美好。這就是我所居住這一塊土地上，一幅幅讓人動容的「風景」，期待因更多人的投注，能有更多溫馨的故事，向世界傳揚開來。

第三部　創新

年輕是他們的籌碼，創意是改變的起點。
拒絕迂腐僵化，拋開傳統框架，
他們用嶄新的語言，喊出對世界更美好的想像，
從下一代開始耕耘，未來的改變將更無可限量。

滾出自我樂趣與生命：滾出趣

擺脫走馬看花與吃喝玩樂的旅遊型態，
九〇後青年有他們認識世界的途徑與眼光，
滾出趣團隊走向世界第一步的祕訣，就是——
滾。出。舒。適。圈。

旅遊之於我，就像是在繁忙的日子中畫下一個逗點，讓緊湊的生活節奏得以和緩下來。而旅行的迷人之處，在於美好的景色、心情的閒適以及與異地文化的交流。在這個凡事講求快速的年代，現代人的旅行卻是偏好「快閃」，為了「必買」和「必吃」，將行程塞得毫無縫隙，為了去吃別人吃過的美食、買別人買過的紀念品而馬不停蹄。最後帶回國的，只剩下伴手禮與美食照片，對當地的人文風情印象卻是一片空白，更別提這趟旅途能夠留下多少深刻體會與印象了。

然而卻有兩個年輕人在這樣的速食潮流中，堅持逆流而行，開始了「滾出趣」

的計畫，她們訴求的主要精神在於用有趣好玩的方式鼓勵年輕人出走，並且用她們創造的方式，讓每個出走的旅人都能挑戰自己，踏出舒適圈，為自己留下與眾不同且深刻的旅遊經驗，並將自己的經驗分享，成為下一個出發者的參考，一個接著一個跳脫既有的旅行框架，真正貫徹旅遊的意義！

來個不一樣的畢業製作

「滾出趣」的初始成員是畢業於新竹交通大學的許鈺煊和林倩伃。

就讀傳播與科技學系的許鈺煊，高中自名校畢業，上了大學後，再也沒有所謂的「第一志願」可以追求，因此，她的眼光不再侷限於課業，而是放眼世界，尋求多方面的嘗試與體驗。為了充實自己，她參加*AIESEC*（國際經濟商管學生會）交大分會，大二即到越南參加國際會議。大四那一年，她隻身前往比利時，試圖在僅有她一個亞洲人的四十多人團隊中找到自己的聲音。

十天看似挑戰的旅程，卻讓她發現愈難走的路會有愈多收穫：在一群歐洲青年中，察覺自己原來比想像中的害羞與沉默；在遇見許多追逐夢想的朋友中，發現他們的勇氣與美麗；在與德國人交朋友的過程裡，發現對方對台灣歷史與政治比許多台灣人還懂；更在探索異國城市時，發現原本的刻板印象逐漸被改寫……這些珍貴的經驗，深深刻劃在她的心中。

大四畢業在即，許鈺煊思考未來就業方向，因此申請進入廣告公司實習，同時也將心思放在迫在眉梢的畢業製作。一直以來，許鈺煊非常認真面對自己的人生，一旦決定做一件事，就要創造意義、產生價值。雖然也一度不想面對繁瑣的畢業製作，但既然要做，就要不同凡響。

「想做一些對台灣社會有貢獻的事情！」

「想要做出一些成果來，甚至這個成果可以延續到未來！」

這時，她想到在*AIESEC*交大分會結識的林倩伃。林倩伃當時就讀工業工程學系，她從小便精於美術設計，由於思考到未來就業應該會與藝術創作結合，正在累積自己的作品集。恰巧許鈺煊邀請她參與自己的畢業製作，她欣然答應了。在決定素材時，兩人並無定見，不過一個人擅長美術，一個人擅長文字，共同的人生經驗，則是雙方都曾到海外旅行，而且她們希望追求「深度文化之旅」。

林倩伃在大三時，透過*AIESEC*的海外成長計畫，到北京非營利組織研習了一個月。有別於以往三、五天的短期旅遊，在當地生活一個月讓她拋開了遊客的身分，成為確實「生活」在那兒的住民，也因此真正理解了這個民族如何過日子、如何溝通，用什麼樣的態度與思維在這樣的大環境下成長與武裝自我。她見識到當地人的強悍與正直，也體會到他們的善良與直爽，期間更遇見了許多同樣來自國外的冒險夥伴。她發現唯有丟棄遊客心態，才能踏出自我構築的防禦牆，也讓更多人走入自己的世界，儘管旅途終有結束的一天，卻能帶著彼此激盪出的故事踏上歸途。

談起國外的生活經驗，兩人印象最深刻的，都是視野開展後自我的成長。

出國前，總是會擔心自己語言不夠流利、適應力不足、交不到朋友，但一旦真正站上國際舞台，卻發現自己也沒有想像中的差。台灣年輕人到了大四煩惱自己的未來，其實泰國青年也同樣煩惱，俄羅斯青年也是，大家都一樣，每個人都是一邊掙扎、一想拼命想著要往什麼方向前進。另一方面，處於台灣社會文化框架中，可能會覺得很多事情很難做到，比方說：「休學去旅行」、「到一個陌生的地方打一年的工」、「成為藝術家」。然而身處另一個文化中，這些好像又是理所當然可以去追求的事。那麼，何不鼓勵大家多方嘗試？

決定了！她們要做一個企劃，讓台灣的年青人，滾到世界各地去！

黃色小球滾出台灣

雖然夢想很大，最先產出的畢業製作，只是一個「黃色小球」的宣傳影片。

影片敘述一個故事：一個滿是黃色小球的世界。在這裡，每顆球都是黃色，黃色是最尊貴的顏色，若不是黃色，也會被立即塗上黃色。有一天，一顆黃色小球收拾行囊，踏出國界，來到一個藍色的國度，他遇到藍色的人和藍色的天地，舉目都是未曾見過的大驚喜。黃色小球的身上，染上一點藍色。爾後又來到橘色、紫色、綠色的國度，遇到各種不同顏色的人。最後他以色彩繽紛的樣貌，回到黃色國度，給予黃色小球們「走出去旅行」的

▲黃色小球

夢想。影片最後結束在一個五顏六色的台灣上空，一台黃色的飛機航向世界。

最初的黃色小球，如同價值觀單一的台灣年輕人。但這並非無法改變，只要背起行囊，走出舒適圈，就能在自身的文化意識中，染上繽紛的不同色彩。除了影片，後續她們也製作了很多小圖，透過粉絲頁宣傳「年輕人，出走吧！」的意義。

影片和貼圖獲得很多「讚」的迴響，但，真正有改變什麼嗎？大家慣有的旅行態度，有可能因為一支影片、幾張貼圖就徹底改變嗎？

這時，她們開始思考要設計出實體的「旅行手札」，內容即是給旅人在當地「執行的任務」。例如：「別急著到下一站，坐下來，畫下你喜歡的景色。」「走進當地酒吧，和一個陌生人聊天。」「留一個空檔下廚，邀請不同國家的友人來享用異國大餐！」。整本手札可說是一個「讓旅人忙碌又充實」的任務包。

製作或許沒有太精美，但充滿冒險精神的十本手札，就在熱血與夢想中快速產出。許鈺煊和林倩伃在網路上公開徵求十位正好要出發到世界各地的大學生，委託他們測試任務，並給予回饋。這就是第一屆「滾大使」的由來！而十人當中的其中一人，就是後來也成為「滾出趣」的核心成員余佳紋。

余佳紋在哥倫比亞長住三十六天，有非常充裕的時間瞭解當地文化，品嚐在地人的生活。她利用初版的任務手札，展開多采多姿的文化之旅。週一到週五都在非營利組織擔任志工的余佳紋，在一個週末，和寄宿家庭一起去爬山。哥倫比亞的山路，並不像台灣一些小山有鋪設階梯供人行走，而是布滿黃土與石頭的崎嶇顛簸路段，才爬一會兒她就氣喘吁吁。抬頭一看，有人騎著馬上山，這時她想到任務手冊裡有一項是「搭乘當地交通工具」，便詢問要如何才能騎馬？一問之下，才知道在當地，馬就像計程車一樣普遍，只要付一點費用，就可以搭乘它上山。余佳紋就這樣獲得生平第一次騎馬的經歷。

又有一次，她和在地人分享中國的千古名言「三人行，必有我師焉。」對方很

▲與哥倫比亞青年交換當地諺語

驚訝地回應：「我們國家也有類似的諺語。」而他們分享的西班牙諺語，余佳紋也馬上聯想到中文、甚至台語都有類似說法！這個體驗讓她驚覺，原來古老人類都擁有相同的智慧，這就是沒有距離的「人類共通文化財產」。儘管精神相同，說法還是有點差異，因此「分享」就成為兩個不同國度的人有趣的文化邂逅。

其實去到一個陌生的文化國度，遇到最多的，恐怕還是不同觀點、習慣的衝擊。像是余佳紋剛抵達哥倫比亞的寄宿家庭時，由於風塵僕僕又疲累不堪，她向對方提出「想要洗個澡」的要求。她永遠忘不了他們臉上那種驚訝的表情：「洗澡不是早上才做的事情？」但還是勉為其難地幫她安排。結果進入浴室，打開蓮蓬頭，竟然一滴熱水都沒有！五分鐘戰鬥澡洗完出來，才在寄宿家庭口中得知：他們都洗冷水澡。類似這些當下很震撼、但事後回想卻無比有趣的經歷，她都一一記錄在任務手札裡。

第一屆滾大使回國後，一一接受許鈺煊和林倩伃的採訪。除了余佳紋的精彩分享，也有一位大使老實說，其實他心中一直掛念著手札裡所有任務，有一些卻始終提不起勇氣行動。直到回國前，要與外國朋友道別時，其中一項「擁抱任務」浮上他的心頭。但想到眼前的外國朋友是一對情侶，又讓他踩了煞車，擔心要求擁抱會造成其中一方不悅。猶豫再三，心想再不行動就要錯過，於是他小心翼翼地詢問：「可以與你們擁抱嗎？」兩人卻無比自然地說：「*Of course!*」沒想到這麼簡單，真的只是踏出勇氣的那一步！

另外一位前往韓國的大使則說，某天在一間咖啡館，她決定要進行「跟陌生人搭訕」這個任務。於是開始眼觀四方、耳聽八方，不可思議地，她發現斜前方那張桌子幾個女生正在練習「不輪轉」的中文對話。一般人進入咖啡館並不會理睬其他人在做什麼事，但她因為有此任務，竟在異鄉聽到自己熟悉的語言。偷看對桌好幾眼後，引起那幾位韓國女生的注意，她乾脆走上前，表明自己是台灣來的，想與她們交朋友。一場異國文化交流，就這麼開始了！

四人團隊集合！

收集第一屆滾大使們的試用回饋後，許鈺煊和林倩伃決定將任務手札進行改版。除了朝向更精緻、更豐富的設計，她們更發揮創意，推出明信片、任務包，於民國一〇二年底，透過募資平台，公開她們的「滾出趣」構想。原來設定的目標只有十萬元，只要達到這個額度，就可以成功付印「任務手札」。沒想到迴響異常熱烈，超過三百人贊助，達到目標的三倍有餘，同時也打開了「滾出趣」的知名度。

夢想似乎小有所成，募資一結束，計畫開始運作。許鈺煊和林倩伃除了手冊的設計、印製，還要籌備活動事宜，進入了無比忙碌的生活，這時她們意識到：需要擴大團隊。

於新竹教育大學主修教育的余佳紋，在滾大使活動結束後，因為覺得有趣，持續協助滾出趣團隊一些周邊工作。畢業在即，原本計畫走上實習老師之路，但收到滾出趣團隊的邀請後，她覺得能參與創業的機會難得，於是加入，成為滾出趣團隊

▲滾出趣四人團隊集合！

的一員。余佳紋不只會辦活動，對於籌劃活動更有源源不絕的熱情。有了這樣一個生力軍，她們三人正式在民國一〇三年底，成立了「滾出趣」公司，成為青年創業一族。許鈺煊的大學學妹姚映竹，也在學姐不斷與她「分享」、耳濡目染的影響下，被「吸收」進來，成為公司第四位協助夥伴。

創業維艱，但幸運能在西門町一個創業工作站覓得小小辦公室——說是辦公室也不算，其實是和許多創業團隊共用一層樓，來自各方的創意工作者在幾張桌子上，恣意揮灑或嚴整辦公。雖然有點克難，但最初總是要吃苦的，大家都能相互理解，並在工作中找尋樂趣。

募資的過程中，受到許多熱心朋友的支持，讓她們對自己的產品愈發有自信。然而當她們將產品全部寄送給支持者，真正開始新一波的銷售推廣時，發現市場竟是那麼地不容易打開。顧客並不像募資期間會在短時間內湧入，而是要透過不斷地對外演講、舉辦活動、社群曝光，甚至自己要思考開闢更多市場的可能性。幸而不管多累、多忙碌，她們總能在一次次的活動分享中，透過參與者豐富的回饋與感謝，獲得繼續前進的力量。連續好幾個月，滾出趣團隊就在時而沮喪、時而感動的狀態下，調整自己的心情和前進的步伐。

每天都有做不完的事情，從活動企劃、粉絲頁經營、異業合作洽談，到產品的分裝打包，都是大家要分工完成。一開始，幾位年輕人也嘗試去實驗她們學到的商業經營模式，例如明確分工、分派個人職務等，但花很多心思訂出規則，試過又覺得不對，因此還在正規商業體系和新創事業中磨合擺盪。

這些都不要緊，年輕，就是最大的本錢！

從cafe'滾到街頭

打從撰寫募資企劃書，許鈺媗和林倩伃就設計出「滾蛋*cafe'*」的概念。這是一個讓夢想飛揚的空間，由一些平凡的旅遊歸國者，向與會者分享他們鼓起勇氣闖蕩世界的經驗。如果從書上、或者媒體看到一個夢想實踐家的故事，一般人會覺得「這離我很遠。」「是因為這個人比較特別……」「不是我能做到的事。」然而，當一個默默無聞的人站在你的面前，和你喝著一樣的咖啡，那麼他的分享便能鼓舞自己：「其實我也可以做到！」

滾出趣團隊始終相信，當你身邊開始有個願意深度旅遊的朋友，那麼你也會慢慢轉向，嘗試走進一個陌生文化，並敞開心胸去學習、接納。滾蛋*cafe*的另一個功能，就是幫助害羞的人擁有「第一個」這樣的友人！

此外，滾出趣最好玩的活動，是任何人都可能在街頭與他們偶遇的「街頭亂滾」。街頭亂滾考量的前提是：或許不是每個人都能時常出國旅遊，但可以透過任務練習旅行、練習接納異文化的心胸。

每個月至少一天，聚集來自台灣各地的朋友，或在西門町，或在四四南村，也或許是駁二藝術特區。取得任務單後，「任務旅人」們便成群結隊開始「騷擾」路人。最基本的任務內容就是「找外國人搭訕」，因為多數台灣人不敢開口說英

▲滾蛋 *cafe'* 的小組分享

語，總認為自己的語言能力不夠好。這項任務目的是培養「任務旅人」的自信，根據主辦單位的經驗，只要勇於開口，絕對不會「無法溝通」。

幾位大學生曾在街頭亂滾活動中，和一位來自非洲的青年聊起彼此的夢想。黑人青年侃侃而談，他說自己的夢想是來台灣念書，因為他將來回國後，要用學到的一切去改變自己的家鄉。一番對話讓台灣的學生感到驚訝，他們從沒想過一個黑人會為了改變鄉里而來到台灣！甚至一位任務旅人說，自己從未想過在台灣學習到的東西，可能改變世界某個角落！

最讓許鈺煊印象深刻的，則是參與該活動的年齡層不斷擴大。一開始，她們設

▲街頭亂滾趣味分享

定的參加者都是大學生，沒想到也來了不少高中生，甚至是媽媽拉著孩子來參加。某次，一位已過不惑之年的媽媽帶著就讀國中的兒子來參加。正值青春期的小弟弟有點彆扭，但媽媽卻玩得很開心。活動最後一個任務，要大家寫下如何將「滾的精神」帶回生活中，並讓自己一直屬於「滾的狀態」。那個媽媽寫下：「往後每個禮拜，我都要參加一個可以認識新朋友的活動。」結果真的！她每週都在粉絲頁發文，一直持續到現在。

隨著活動舉辦愈加嫻熟，滾出趣團隊更精心設計任務，讓「任務旅人」能進一步瞭解在地文化。在一個春暖花開的週日，滾出趣的活動來到龍山寺。一個小隊獲得了「找尋一位街友並傾聽他們說話」的任務。一般人對街友印象不佳，也不敢接近他們。然而在任務的驅策下，他們走向一位行動不便、盤坐在地上的老人家。

「伯伯你好……」

「什麼？說大聲點我聽不清楚！」

原來伯伯一邊耳朵聽力受損，眼睛也看不清楚，更因為在工地摔斷右腿，而失去工作能力。話匣子一開，這群年輕人不自覺地被眼前這位看似悲苦的老人所吸引。老人訴說生活的辛苦，雖然政府承諾照顧他們卻毫無作為，但感謝基金會提供大家生存下去的物資。在夜裡，視力不佳的他也曾被車子撞倒。

「我是不要緊，真的很抱歉造成路人的麻煩。」

「伯伯你在台灣有親人嗎？」

「我弟弟在大陸有很好的發展，姐姐也生活得很好……。」老人邊說眼眶漸紅。

「那他們為什麼不幫助你？」這句話盤桓在年輕人心中，卻為了讓眼前老人留下一點尊嚴，而不敢問出口。

結束這場對談後，這群「任務旅人」一度靜默不語。最終的分享時，有人表

▲執行任務：傾聽街友伯伯

示，其實他們對於街友的狀況也幫不上忙，但透過這樣的對話，改變最多的，是自己的想法。這群年輕人開始瞭解到，世界上有很多不公平，或許無法馬上改變，但自己必須前往理解。以往對街友可能是負面評價的年輕人，透過這個任務，他們開始思索自己的意義、國家的政策、弱勢族群的安置……。

這樣的結果，已經超出滾出趣團隊的期待。原先，或許滾出趣的創立宗旨是「水平」認識不同國家或族群的文化，孰料進而「垂直」地與次文化群眾交流。從走向「世界」的深度文化旅行，延展到理解「民眾」的傾聽之旅，這當中，一樣需要放下成見、敞開心胸。而這就是滾出趣追求的眾多理想之一。

滾出趣的未來滾法

並不是只有參與「滾」活動的人，才能體會他們的趣味。一位媽媽特別訂購「任務手札」讓兒子帶去義大利，以種種任務「逼迫」孩子融入當地。目前市面上售出的手札，都是由滾出趣團員親自包裝、親自寄送。手冊內容已經大大超越草創第一代手札的簡易粗糙，但精神不變，且更為有趣、吸睛。

「滾手札」的特別之處，在於當中除了具備一般旅行手札的記帳、記事功能外，還為每個即將出發的旅人訂定了數十個任務，包含「滾前」、「滾出趣」、「滾後」三個階段，也就是出發前、旅行中、返鄉後，可以選擇去準備、挑戰、回顧的種種項目。如果旅人想再創造一點不一樣的氛圍，那麼還可以使用滾出趣團隊精心製作的七款卡片，隨機抽出眼前要去挑戰的下一個任務。根據使用者的使用經驗，跟著手札或卡片給你的任務去旅行，將會改變自己看待一個國家（城市）的角度，突破自我限制，為自己帶來更加豐富有趣的旅行經驗！

滾出趣團隊成立以來，每一天都是辛

▲任務手札與任務卡

苦卻又甜美的奮戰。她們很會辦活動，但也要不斷推陳出新，給予參加者新的感受。因為她們不只希望更多人加入「愛滾」的社群，更要留住曾經接觸滾出趣的朋友，讓他們「黏」在這個社群，成為死忠的粉絲。在滾出趣的粉絲頁中，愈來愈多的朋友現身分享參與活動的感受，也不吝表達自己突破性的成長。透過故事，讓更多人知道滾出趣的理念、加入滾出趣的行列，是團隊現今努力的目標。

每場活動雖然都有收費，也提供加購產品，但實際上，以她們投注的心力來看，收益實是杯水車薪。滾出趣團員自己也坦承「活動很難賺錢」。

「但重點是讓更多人體驗到滾出趣這一件事。」

「如果什麼事都只想到錢，很多理想難以去追求。」

但她們絕對不是只浪漫追求理想，忽略現實層面。之所以堅持初衷、不計成本地定時舉辦活動，除了累積人脈，讓更多人成為滾出趣的忠實粉絲、合作夥伴；滾出趣更期待打開知名度後，可以和更多單位進行合作。比方說進入學校社團或企業進行創意演講——如羅東高中「滾出趣」創意教學與引導思考工作坊；結合在地單位，協助其舉辦在地文化認知之旅——如艋舺亂滾；更針對不同族群，設計精彩的文化交流旅程——如東南亞移工街頭亂滾。

她們也四處洽談「異業合作」的商業模式，如為國際志工主辦單位規劃「志工任務包」、結合單人環島計畫設計「任務行程」。未來，她們期待發展出一個平台，由一群帶著滾出趣產品的旅人，出發到世界各地，隨時撰文分享他們的收穫與體驗，讓所有「滾友」們恣意在檯面上閱讀、分享、交朋友。也許未來的網站可以「不同任務」作為分類標籤，當使用者點進某個任務，便可以看到在世界各地執行該任務的人，各自展演著什麼樣的故事。

兩個未曾想過創業的女生，因緣際會下走上了挑戰自我的道路，而募資的成功更開拓了她們的事業寬度，不但受到主流媒體報導，更在創意商品平台網站開了自己的一家設計館，同時也持續招募「滾大使」，舉辦更多分享活動。持續開發的「任務包」等新商品，讓「滾出趣」的概念用不同的形式、透過不同的參與者廣為宣傳開來。現在四人小組「滾團隊」持續朝著夢想航行，她們的「滾出趣」精神儼然成為一股新的力量，把更多人推向熱血和精采的人生！

桌遊拯救世界？Wa's Up給青少年的驚豔！

「玩」中學習，激發創意。
他們的出發點是以遊戲來扭轉世界。
「阿普蛙」，是渴望井底之蛙們在遊戲中，
抬頭看到自己的未來。

未來會不會有這樣的一天？一群人愉快地「玩」著自己的工作，「玩」出積極能量與社會價值；而透過和別人「玩」遊戲，還能治療人們內心的不安，帶來頑強面對生命的力量；甚至在遊戲中帶動青年認識、珍惜自己的家鄉，引導迷失的人、對生涯感到徬徨的人找到未來方向。

這一切，可能成真？

阿普蛙工作室（*Wa's Up*）很肯定地說：「我們相信可以！」

從霸凌者到台大法律系

*Wa's Up*得以成立，來自一個關鍵的年輕人——林哲宇。

從小，有過動傾向的林哲宇不愛讀書、討厭考試，他學科成績很差，操行分數也不大好看，但東跑西跳、辯論吵架的本領絕不輸人。因為天生的領導特質，他成為帶頭欺侮同學的淘氣野孩子。然而長大後，他知道必須對自己的人生負責，為了升上好高中、好大學，他忍耐熬過補習班的乏味，痛苦地進行背誦學習法，不然彷彿就要被社會淘汰。

幸運的是，反應極快的林哲宇找到了自己的讀書方法——多工學習。因為他極容易分心，乾脆同時攤開好幾本書在桌上，這科念兩頁、那科念一章。他也相當認真，一天至少讀十四個小時的書。指考分數公布後，林哲宇的落點分析位於台大法律系，儘管這個預估往往與現實有些差距，但以他在全國第一類組的排名，台大法律絕對沒有問題。於是，林家爺爺準備了長串鞭炮和大紅海報，海報大大寫著「狂賀林家子弟——林哲宇高中台大法律系」！

「沒什麼！囝仔會讀冊！」難掩得意之情的林爺爺請大家讓讓，點燃昭告天下的小火苗。在霹靂啪啦的響聲中，當事人林哲宇卻顯得意外冷靜。

放榜後，得知林哲宇錄取的是台大社工系，全家都相當震驚。

「明明就可以上法律系！」

「為何要填一個聽都沒聽過的系？」

雖然林哲宇拼命解釋社工存在的重要社會意義，並保證未來絕對可以養活自己，但家人不相信也不理解，因為大家普遍相信，當個法官、律師才有好收入。已經被僵化的教育體制壓迫超過十年，現在連選科系都要受制於社會評價！林哲宇決定要靠自己證明，人生不是只有一條路。

艱難的社工之路

原以為「忠於所選」一定有所回報，但念完大一的時候，林哲宇卻深深被挫折打擊。每天要面臨太多人性的黑暗面，讓他感到社會工作原來這麼沉重，已經超出一個十八歲青年的預期與負荷。

最痛苦的事情，莫過於看見悲慘家庭的性侵事件，這讓林哲宇完全無法接受。

有一次在課堂中，老師提到一個案件，內容是爺爺性侵自己的孫女，孫女因此有了孩子……林哲宇當場崩潰，在全班同學面前狂吐了起來。嘔吐物卡在鼻腔，痛苦不已，淚水卻止不住地滑落。他心想：「自己是這麼地渺小啊！做社工真的可以改變什麼事情嗎？」

諸如此類的質疑盤據心中，他漸漸覺得：「不如放棄社工系、去念政治系算了，用政治改變社會還比較快！」一想是這麼想，下課後，雙腳還是不自覺地走向離台大很近的台北南區家扶中心，實踐自己服務社會的承諾。但沒有想到，最後竟是在擔任義工期間，找到了堅持下去的力量。

義工林哲宇在家扶中心的工作內容是擔任「家庭夥伴」，要前往受訪家庭陪小朋友寫功課、玩遊戲或運動，就像個家中的大哥哥一樣，陪伴這些弱勢的孩子成長。

大三某一天，一個家扶中心的孩子透過社工聯絡上林哲宇，邀請林哲宇參加他的畢業典禮。林哲宇非常驚訝，想起他是自己大一擔任「家庭夥伴」時，其中一個家庭的孩子。雖然當時已經國小四年級，但由於有學習障礙，林哲宇再怎麼努力陪他寫功課，成效總是有限，但林哲宇從來沒有放棄，持續了一年的課業輔導和遊戲陪伴，直到林哲宇大二時結束。本以為伴隨結案的只是分道揚鑣，以及留在記憶中淡淡的痕跡，沒想到這樣的孩子居然還記得大哥哥，而且邀請他參加一般而言都是至親好友出席的畢業典禮。

在畢業典禮會場上，孩子遞給林哲宇一張卡片，上面寫了一些話，就文字而言並非具邏輯性的表達，但林哲宇看出了他的意思：「雖然我沒有爸爸，而哥哥你也不是，但對我來說你就是我父親一般的存在。」一瞬間，林哲宇淚流滿面，感動不已。想到自己當初只是單純地陪他寫功課、運動或遊戲，沒想到這小小的舉動，在孩子心中的份量竟然這麼大。

▲深深鼓勵林哲宇的孩子

這件事情在林哲宇心中注入一股動力，體會到社會工作這件事，儘管無法改變整個社會結構的問題，但自己一點點的努力勢必會影響一些人、一些孩子的生命。突然之間，他覺得自己的工作非常偉大，可能扭轉一個孩子的未來。他下定決心，未來不管成為社工或是做什麼職業，一定永遠要朝著「改變青少年」的方向前進。

桌遊讀書會與「阿普蛙」

畢業後，林哲宇考上社工師，回到家鄉同樣任職於家扶中心。大學時期林哲宇就熱中玩桌遊，甚至把打工的錢全數花費在購買各式桌遊。於是他開始將自己最愛的桌遊，帶進工作當中。第一次帶著桌遊進入需要課輔的家庭時，看到大哥哥背包拿出的不是書本而是遊戲，國小一年級的小婷眼睛一亮！

「還沒寫作業就可以玩遊戲嗎？」

「沒錯！我們要從玩裡面『學習』，寫作業的祕訣都在裡面！」

一開始，只是他自己一個人和小朋友玩桌遊，真正將遊戲擴大，來自一個契機。一切發端於放滿桌遊的那個櫃子。

某次，家扶中心因為方案需求購買了幾套桌上遊戲。案子結束後，桌遊也就功成身退地躺在家扶中心角落的櫃子裡。發現被閒置的桌遊，林哲宇決定下班後找人一起來玩。於是他組成了一個類似桌遊同好會的讀書會，大家除了一起玩各式的桌遊，並且討論如何融入每個人的社工專業，把桌遊帶到自己的工作現場。那時候，林哲宇有一個小小夢想，想為每款遊戲提出一個活潑的現實應用教案，等到蒐集了一百個案子，就出一本書叫做《桌遊的一百種帶法》或《一分鐘輕鬆帶你上桌遊》之類的書。

不久，三月學運發生，到處都在討論學運相關的議題，林哲宇的桌遊讀書會也開始關注這個活動。聽聞一些保守人士對學運的負面評價後，林哲宇心中不以為然，他相信來靜坐的年輕人不是為了逃避學校課業；上班族請假不去上班也不是乘機休養生息，大家應該知道自己在抗議什麼、反抗什麼。但他去了幾次現場，發現很多年輕人除了「反黑箱服貿」這一點，並不全面理解民眾運動的本質，只是因為三月學運比較酷，就每天來此打卡、湊熱鬧，讓他頗感失望。所幸在學運的後期，街頭開始出現各種小沙龍活動，許多人在此討論各種存在台灣社會懸而未決的現象，像是多元成家、食安問題、財團暴力、貧富差距等等議題，他發現這樣的少人數的團體、一對一的影響年輕人，也許會是解決未來各種困境的解藥。

有了這樣的發現，林哲宇在讀書會上，花了更多時間和夥伴討論時事。經過熱切的觀察、討論與反省後，他們認為民眾的公民素養、自我獨立思考能力，都需要再提升。而如此現象的根本源頭——也可以說「萬惡之源」——來自台灣僵化的教育、單一的價值觀、隨波逐流的習慣。

林哲宇憤慨地敘述自己的求學歷程，他認為學校教育毫無用處，而當初那些被學生視為救星的補習班教育，充其量只是幫助他考上高中、大學而已，他根本沒有因為教育產生獨立思考的能力。幾位成員也大表贊同，就在慷慨激昂的熱烈討論下，他們決定將讀書會名稱改為「*Change the world*」，致力於探討「如何培養年輕人的獨立思考能力？」「要怎麼做才能讓台灣社會更加進步？」等核心議題。

三月學運結束之後，社會中瀰漫一股「學運結束了，年輕族群也一併散去」的氛圍。然而，林哲宇不想結束，他渴望台灣在面對各種重大議題時，都可以聚集成熟理性的公民力量。如何成熟理性？端賴每一個體都擁有獨立思考的能力。就在桌遊讀書會開辦約略一年之際，林哲宇集結了八個志同道合的七年級生，他們決定成立一個平台。往後，每當台灣有任何事件發生，該平台能隨即關注事件本身並引發討論，藉此培養年輕人獨立思考的習慣，不在媒體導引下隨波逐流。

平台成立後，得有個更響亮好記的名稱。於是「*Change the world*」讀書會正式更名為*Wa's Up*工作室。*Wa's up*這個名字，起源於某日情緒容易激動的林哲宇大聲嚷嚷：

「*What's up?*我們的社會到底發生了什麼事？」

「*What's up*……好！就叫這個！」

後來經過一番討論，決定採用「蛙的（*wa's*）抬頭（*up*）」作為團隊名稱，比喻一群普通的井底之蛙，一起意識抬頭、跳出窠臼，看見全世界。但念法同樣是 *what's up*，隨時提醒團員們建立這個組織的初衷。一開始本來想直接取名為「抬頭蛙」，但當林哲宇向母親介紹自己即將成立「抬頭蛙工作室」時，媽媽點點頭說：「是一個游泳協會嗎？而且你們不太會教，只教大家游『抬頭蛙』這一招？」林哲宇當場笑

▲Wa's Up 八人團隊

得不支倒地。最後決定改名為「阿普蛙工作室」。

原點：世界和平遊戲

阿普蛙工作室實際上到底要做些什麼？一開始大家並沒有太明確的想法，只是懷有一股「我們要改變世界」的熱情。在幾次會議中，各種不同的想法激盪著，卻尚無定論。

這時，林哲宇剛好有一個社區方案，要訓練一批志工進入瑞芳的一個原住民部落，輔導小朋友課業。林哲宇隨即提出可以用桌遊來輔導孩子學習，於是在家扶中心的支持下，他們聘請專業講師，安排了六堂桌遊課給這一批志工，林哲宇本身也是上課的學員。

課堂中，一部影片深深撼動了林哲宇。那是美國一位國小老師*John Hunter*在*TED*的演說。*TED*是一個演說平台，彙集世界各地傳遞新知與感人故事的演講，*John Hunter*在大會中提到，他如何在一個九乘九的立體空間，帶一群小學四年級的孩子進行一個課程。這個課程其實是模擬真實世界的遊戲，遊戲名稱叫做：*World*

Peace Game（世界和平遊戲）。

遊戲空間就像一個縮小版地球，有陸地、海洋、領空，整體分為四到五個國家，每個國家有自己的政府、軍隊、人民。但國家背景、條件各異，有的是石油大國，有的則是貧困國家。遊戲的小朋友分屬各國，擔任總統、國防部長、財政部長等。此外還有聯合國、世界銀行等單位。

遊戲過程中，會遇到各種世界性危機，如：氣候災害、糧食短缺、恐怖攻擊，學生必須展開經濟協商（如借貸）、軍事行動（如出兵、突襲），或啟動政治談判，來解決眼前面臨的危機。遊戲一旦啟動，學生將在自主討論、創意思考中推進，連老師也無力控制遊戲走向。規定的時間一到，若人民整體的*GDP*（國民生產毛額）比一開始成長，全班就贏了這場遊戲；相反的，就是全盤皆輸。在台灣，高雄溪寮國小沈盛圳老師也帶學生玩過類似遊戲。

影片中，*John Hunter*這麼說道：「我們留給下一代一個很爛的世界……但如果這些孩子能夠透過遊戲，培養批判性思考以及創造性思考的能力，那麼或許在世界上的我們都能夠得救。」也就是說，這雖然是一個紙上談兵的遊戲，但只要從小習慣去思考世界大事，未來就會致力於改變世界，因為這個世界要靠下一代去翻轉。

看完這個影片，林哲宇相當震撼，兩行熱淚隨即從臉頰滑下。他在講師開口前搶過麥克風向台下說道：「各位志工夥伴，你們知道嗎？這跟我們準備要做的事情一樣，這些桌遊可以改變世界啊！」在場的講師活生生被熱血沸騰的林哲宇嚇一跳。

這一刻，林哲宇更加確信，桌遊可以訓練玩家獨立、批判性思考的能力，而這就是他和他的團隊要做的事情。林哲宇當晚就迫不及待聯繫*Wa's Up*每一個成員，和大家取得共識：阿普蛙工作室的使命終於確定了，那就是「用遊戲，來改變世界！」

確立了「在玩中學習」這一方向，*Wa's Up*團隊成員在每週一到兩次聚會

▲*Wa's Up* 的理念：在玩中學習

中，更洋溢著熱血青春的前進氣息。基隆火車站附近幾間咖啡店，成為他們固定流連的場所。會議常常進行到欲罷不能，直到店家不好意思對他們說：「抱歉！要打烊了！」不過後來店家也不趕人了，除了他們是熟客的緣故，更因為他們謙和有禮的態度，滿溢希望的明朗神情，加上陽光燦爛的笑容，就連店員也不禁想靠近一看，這群年輕人究竟在談論什麼夢想。

歷經數不清的討論，推翻過無數企劃，*Wa's Up*持續研究各種類型的桌遊，除了思考如何將「桌遊」應用到更廣的層面，如：人際溝通、生涯規劃、情緒管理；更努力去測試他們的團隊合作，究竟可以激盪出什麼火花來。

受到媒體關注

身為社工師的林哲宇首先以自己的工作場所作為第一戰場。民國一〇三年五月，林哲宇在家扶中心帶領一群媽媽志工玩桌遊的報導，首次登上新聞版面，他結合遊戲、推廣「兒童教養」與「兒童保護」概念，讓在場的媽媽們玩得不亦樂乎且印象深刻。林哲宇也帶著多款桌遊，進入偏鄉需要幫助的家庭，從遊戲中鍛鍊弱勢孩子的口語表達能力；甚至讓忙於工作的父母，可以透過遊戲和孩子溝通，建立交流的管道。*Wa's Up*將桌遊結合社會工作的行動，開始受到矚目。但其實*Wa's Up*更想告訴整個台灣社會：除了學習，桌遊還具備鍛鍊獨立思考、促進人際關係、探索生涯目標等多面向的功能。

熱愛桌遊的林哲宇耗費兩個多月時間，以桌上遊戲「妙探尋凶」作為美術取材，製作一款全國首創的「桌上型密室逃脫」自我探索課程。該課程功能多元：透過不同的角色扮演，分工合作解開謎題，幫助玩家增進彼此人際關係；解開謎題，則可訓練推

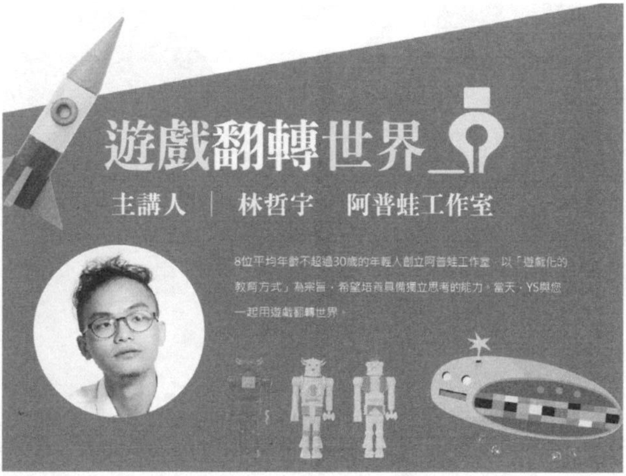

▲*Wa's Up* 受邀演講宣傳海報

理能力；更能從玩家對於遊戲策略的擬定，分析他的學習風格，進而為其規劃未來的方向。

隨著媒體與各個網頁的關注，*Wa's Up*團隊陸續受邀至許多單位演講，演講題材從翻轉教育到志工帶領技巧。前來參加「遊戲翻轉世界」講座的，大都是正在尋找人生方向的大學生。某次，林哲宇受邀至高雄的青年職涯發展中心演講，當天共出席四十六位年輕人，好幾位大學生還特地從屏東趕來。林哲宇分享自己的故事與*Wa's Up*的終極理想，說明玩遊戲不但可以學習，還能看出一個人適合走的路，聽得台下青年個個目光炯炯。最後他大聲疾呼：「如果你不知道自己人生該怎麼前

▲屏東大學遊戲化教案工作坊

進，那就先停下腳步，人生豈是一年、兩年可以決定勝負的！」接著，台下參與的學員們一一上台，每個人握緊拳頭，大聲說出自己的夢想。想到這些具備潛能的年輕人，可能是在僵化的教育體制下，因為成績不好、表現不佳、對未來毫無想法而感到自卑，但卻能在這一刻勇敢面對自己的夢想，在台上的林哲宇感動得幾乎要哭出來。

此外，他們也和大學合作籌辦工作坊，直接在遊戲中面對面訓練志工。與屏東大學合作舉辦的「遊戲化教案課程工作坊」，開放部落課輔老師與屏東大學的學生參加。而來參加的大學生志工，將在課程後自行企劃出一個桌遊營隊，進入偏鄉服務。*Wa's Up*要證明的就是：只要經過訓練，每個人都可以透過遊戲帶動孩子有效學習！

找出「適合」的生活方式

除了演講與工作坊，*Wa's Up*更設計一系列的課程與遊戲，進入校園引導大學生做生涯規劃。有位參與一系列「自我探索」課程的學員小菁表示，來參與之前，覺得實在是浪費時間，還不如把時間花在打工賺錢。無奈在林哲宇熱情的邀請下，勉強前來。然而一到活動會場，工作人員認真投入的身影、課堂上數不盡的新知，讓小菁察覺到自己眼界的狹小。「原來，可以透過遊戲瞭解到這麼多資訊！」「比起見識短淺地只盲目拼命賺小錢，更應該投資自己、充實自己，讓自己腦袋多裝點東西。」

類似這樣的回應不勝枚舉，讓*Wa's Up*成員愈來愈感到自信，他們堅信持續努力下去，一定可以改變更多青年，讓年輕人在校時期就能思考到未來，開創出不同以往、更具備創意的一條嶄新道路。

不過，現實不見得如預期發展。一個出乎眾人意料的案例，讓他們印象深刻。某次，在一堂生涯規劃的課程中，出現一位就讀公共行政學系的大四學生小潔。一般來說，就讀該科系的學生，總是被貼上「服公職」的標籤，她班上的同學也的確大都要考公務人員，所以她也報名了。小潔心不甘、情不願地準備考試，心中總有著「為了符合家人期待、不得不為」的無奈，但因為不知道自己的未來究竟要走向何方，只能隨波逐流。在這樣的心情之下，她抱著姑且一試的心情，來到*Wa's Up*生涯規劃講座。

沒想到，在一連串的遊戲測試中，小潔發現她的夢想是成為一個作家，為此，她需要擁有較穩定的收入來源，以獲取足夠的創作時間。而公職似乎是幫助她完成夢想最大的推力！突然間，小潔矛盾的心情豁然開朗，因為自己目前努力的方向，剛好正是在前進夢想的路上。於是測驗結果顯示了：她適合成為一位公務人員。

剛看到這個結果，林哲宇團隊以為他們失敗了……

「怎麼會這樣？」

「成為公務人員不是一個有創意的結果啊！」

最後，小潔面帶笑容向大家解釋自己的夢想與心情，並感謝該活動讓她從不同角度重新思考自己的人生！當她的心情轉變，前方的路彷彿寬闊地拓展開來，不再陰鬱。爾後，小潔更向*Wa's Up*透露，在那次活動之後，自己讀起書來心情愉快、不再充滿怨氣，也非常有動力準備國家考試，積極地朝自己的夢想前進。

透過這個特殊經驗，讓*Wa's Up*的「抬頭蛙」們體認到，或許真正的生涯規劃不只有創新，而是「適合」一個人的生活方式！

「阿普蛙」的展望

創立一週年前後，*Wa's Up*也在兩場全國教育論壇（均優教育平台、教育噗浪客）進行演講，並進入文創園區舉辦展覽。他們期待有一天，台灣的教育現場能夠跳脫現今體制的框架，懂得用不同的方式激發青少年及孩子。他們會持續用「玩」當作媒介，讓青少年在遊玩的過程中，潛移默化地培養獨立思考的能力，與關懷社會的態度。

桌遊可以模擬真實環境，在遊戲中練習真實的人生，從*John Hunter*的世界和平遊戲到*Wa's Up*的生涯規劃企劃書可見一斑。而這群「抬頭蛙」成員持續精進心理學、社會學、遊戲化、教育方面的專業知識，準備將桌上的遊戲，擴大到現實生活中，讓遊戲空間不再侷限於桌上，而是可以走

▲認識古厝運動

出教室、走入社區、走進當地文化。

民國一〇四年，他們與非營利組織聯名合作，推出一款讓孩子玩了之後，會想要關心貧富差距、*M*型社會等問題的公民桌遊；更在暑假與基金會合作，舉辦史無前例的青少年公民意識營隊。阿普蛙著眼於現在，同時也著手建構未來方向。從桌遊到青少年營隊，都是實驗性的前導嘗試，他們更期待結合各地文化局，推出大型的「城市小旅行」活動，讓孩子找回自己的根。實際作法諸如：讓當地青少年為國外遊客導覽；設計一套尋寶遊戲，鼓勵年輕人向在地耆老瞭解家鄉文化；或者製作「結合當地文化特色」的任務錦囊——如在基隆，就可以策劃「廟口撿垃圾」、「打掃古厝」等運動。所有的任務，都是在玩遊戲中，達到美化家鄉、文化尋根的目的。作為試驗，他們已在基隆試辦「認識古厝」運動，讓大人小孩都能認識在地文化古蹟。類似活動，他們會一直辦下去。

「遊戲」一向都只是媒介，但他們愈玩愈開心，激盪出愈益多采多姿的想法。然而，*Wa's Up*始終不忘「培養青少年獨立思考」的終極目標，他們默默地耕耘，持續在一點一滴的成就中前進。這段過程可能並不光鮮亮麗，但令人期待！

地球圖輯隊的新聞逆襲！

不向低俗的報導低頭，他們為大眾開啟廣閱國際新聞的渠道。網頁一拉到底，少有廣告，滿布動人圖片與好理解的文字。地球圖輯隊小隊長們，像蜜蜂一樣辛勤愉快地工作，放眼未來十年，他們要改變台灣人的國際視野！

嶄新資訊的來源，還是要倚仗年輕人。

那一天的餐桌上，我和就讀大學的兒子討論近期社會上發生的大小事件。這孩子一向不看報紙，我訂閱的紙本新聞總是完好如初地「躺」在桌面，永遠只能等我回家翻閱。然而那天他卻與我侃侃而談各種事件，除了國內的復興航空墜機事件、食用油安全，他還對伊斯蘭國、阿拉伯之春大發議論，甚至告訴我委內瑞拉的超市為了防止走私客，買東西前要先辨識指紋；在耶路撒冷不同宗教的人會一起搭乘輕軌電車……。

我忍不住打斷他：「你都沒在看報紙，從哪裡得知這些事情？」

他理直氣壯地說：「你不知道有電子新聞嗎？」

原來如此，大概就是像社會發生重大事件時，一些好心的網友會整理類似「懶人包」的資訊，如：文林苑都更案懶人包、太陽花學運懶人包、烏克蘭事件懶人包……。然而轉念一想：不對啊！即便是電子新聞，好像也無從得知「委內瑞拉超市」、「耶路撒冷的電車」這類感覺這麼貼近人民的國際新聞。他這才老實說，其實他只看一個網頁，就獲得了台灣乃至世界的重大新聞。

「你自己搜尋看看，它叫『地球圖輯隊』。」丟下一句話他就衝去學校了。

一群人在客廳的創業？

點開「地球圖輯隊」頗有設計感的網頁，一天約莫有六至七則新聞，卻容易讀得不得了。相較一般的電子新聞，這裡提供「圖多」、「字少」、「快速理解」的資訊服務。內容大多數是國際新聞，也有少數的台灣新聞。嚴格來說，這裡不像新聞頁面，倒類似世界各地的「生活樣貌」、「在地資訊」、「突發事件」大集錦。

究竟是怎樣的一群人在運作這個平台？相當令人好奇。依照網路上的說明，他們是一個創新的團隊，翻譯國外新聞、購買正版圖片，無私地分享給在台灣的民眾。難道這是一種在自家客廳的創業？

真相，比想像的單純很多。

民國一〇一年夏日午後，蕃薯藤創意部門兩名成員，在談笑間展開一場討論。

「最近一打開電視，都在報導哪一家牛肉麵又漲價了！」

「對啊！我已經連續好幾天都看到『牛肉麵一碗漲幾塊錢』的新聞了耶！」

聊著聊著，聊到台灣人每天接觸到的新聞，除了政治角逐、體育盛況、藝人花邊，好像不是美食，就是情殺。而國人鮮少關注國際新聞，即使有，也只是政治、天災相關，或者戰爭、屠殺慘劇。類似「哥德誕辰一百週年紀念活動」、「北非人民的日常生活」、「中東的太陽能發電廠」，絕對不會在新聞版面露臉。其實網路上有很多世界性、遍布各領域的新聞，只不過都是英文介面。當下，她們提出一個構想：何不來參考一個叫做「*the Big Picture*」的網站，做出台灣版本的*the Big Picture*？

「*the Big Picture*」是一個擁有各類新聞的英文網站，以照片為主軸，搭配簡單的文字標題與介紹，讓圖片自己說出地球上正在發生的事。兩人覺得，她們也可以架設一個網站，購買圖片、自行翻譯解說文字，這樣一來，就可以讓台灣民眾接觸到國際大事。

這兩人，其中一個是蕃薯藤創意總監胡晉華（*Mona*），另一位則是後來地球圖輯隊長達半年的唯一主編謝雅如——綽號阿咖。就在這場討論後，「地球圖輯隊」誕生了！

一開始，地球圖輯隊只有*Mona*、阿咖兩位「小隊長」——實際上這個專案的全職成員只有阿咖一人。擁有外文與傳播背景的阿咖，每天都要在一片資訊海中篩選出不同口味的新聞，然後進行翻譯，最

▲工作之一：專注瀏覽國外新聞

後下一個精準的標題。一開始，下標不是很熟練的阿咖，總要和*Mona*推敲再三，一起想出最吸睛又不譁眾取寵的標題。不論是瀏覽新聞、英中翻譯，甚至是下標，都不是輕鬆的工作，但除了新聞內容的準備，地球圖輯隊同時也摩拳擦掌，準備推出自己的網站。

最先開始醞釀網站主題與樣貌的人是創意總監*Mona*，由於阿咖的加入，這個點子漸漸成形。*Mona*首先希望網站要走出窠臼，發展出和其他新聞平台不同的風格，於是，她想出了銀河系機戰風。當初發想網站名字時，還先消毒似地跟大家說：「這是一個很瞎的名字，我們之後可以再改。」結果小隊長們都覺得很好，於是就沿用了。

一般的新聞或部落格頁面，周邊一定會放一小塊一小塊的廣告，*Mona*和阿咖卻認為「這樣太醜了，而且廣告非常打擾讀者閱讀」。更重要的是，根據她們的觀察，這些廣告帶來的效益並不大，卻在旁邊閃來閃去，相當礙眼。於是小隊長們有了共識：就算要放廣告，也要符合整體的美感。另一方面，為了讓讀者「愉快地、專心地看完一篇篇圖文」，她們與大多數網頁經營者不同，拒絕為了賺取「流量」、增加「點閱率」而刻意切割文章，所以每一篇文章都是「一拉到底」！這樣的網站設計並不符合當下注重營利的商業模式，卻是真正站在讀者立場思考的一種創新。就在小隊長一場場熱烈的討論下，第一版網站在民國一〇一年八月，正式上線！

雖然從事非常有意義以及有遠見的工作，但慢慢地阿咖發現，一個人要瀏覽大量報導、查找各種背景知識，還要挖出以中立口吻報導的新聞，實在是難以負荷的工作量。就在這時，竟有三名工程師：小貝、宏霖、包大人「自命請調」，正式加入地球圖輯隊；此外也有來自不同領域的新文編小瑜加入，小隊長人數愈來愈多，地球圖輯隊儼然成為一個戰隊！有了小隊長們的加入，隊上多了更多歡笑與生氣，阿咖再也不用孤獨一人挑文、翻譯到半夜。隔年四月，網站全新改版，逐步符合小隊長們對品質的堅持與期待。小隊長們同心協力，共同堅守使命：號召網友支持正版圖文，一起開拓國際視野。

一切都是因為網友造成

一開始，阿咖的構想很簡單，只要放上一些吸引人的照片，加上精要的翻譯敘述，就像網站*the Big Picture*一樣，讓圖片說話。出乎他們意料之外，每天一發文，下方就出現一連串的回應，大多是針對圖片的疑惑：「這張圖是在哪裡照的？」「照片中那個人是發生什麼事啊？」「不明白照片意義，求解……」求知若渴的網友希望獲得該圖片更進一步的故事或資訊，就在這股龐大的「期待」下，編輯翻譯的文字愈來愈多，文字一多，出現更多專有名詞和事件，於是編輯們也花更多時間找資料，再用簡單易懂的文字，向大家說明。由於這些新聞本來就存在，小隊長們只是負責翻譯、編輯整理消化的工作，因此，他們自詡為「翻譯蒟蒻」，希望能把艱澀難懂的事件與報導，用淺顯的文字、易懂的角度介紹給大家。

民國一〇二年一月，地球圖輯隊推出不到半年，粉絲便突破六千人！九月初更倍數成長為一萬兩千人！當參與回應的網友愈來愈多，大家不再只是求解，而是提出個人心得、針對發文的知識性指正或資訊分享。小隊長們相當期待讀者能針對各項國際事件，提出各專業領域的不同觀點。市面上一些專門賺流量的網頁，會刻意用聳動的標題吸引網友點閱，或者佯裝鄉民在留言處寫出引發論戰的文字，以此引發更多謾罵，來增加點閱率。地球圖輯隊與此相反，他們的標題不聳動，小隊長們也很害羞，雖然試圖引發網友的討論，事實上卻很害怕大家吵起來。一旦發生非理性的爭論，小隊長們還要出來主持秩序，希望大家理性對話，不要過於激動！

地球圖輯隊每發一篇文章，約莫要磨兩個小時。發文以後，得到的迴響或許不像以震驚體下標的文章，或轉貼網路爆笑影片來得熱烈。對於這樣的情況，大家偶爾也會感到失落，畢竟花這麼多時間產出的內容，若點閱率不高，也沒有引發討論，內心的孤獨實在無以言喻。因此他們常常要鼓勵自己不忘初衷、絕對要握拳堅持下去，因為這幾乎是一份「十年樹人」的事業，是為了讓民眾脫離井底之蛙、並改變台灣人國際觀的資訊教育抗戰。

儘管負責把關、選擇新聞給國內的大眾看，小隊長們一個比一個謙虛，他們認

▲地球圖輯隊基礎頁面

為自己能夠從事這麼有意義的工作，也是倚賴網友們的支持。因此他們非常歡迎針對網站內容大大小小的發問，只要能力所及，他們都願意協助解答，也相當歡迎網友來信批評指教。收到的信中，的確有人不客氣地展開批評，但大多數網友都非常善意地表示感謝。有一位孩子就讀小學的媽媽提到：因為平時都有看地球圖輯隊的新聞，有一次考試出現「伊斯蘭國」，全班只有她女兒知道伊斯蘭國的英文，所以考了滿分！（小隊長們心裡喃喃道：現在國小考這麼難喔！）也有地理老師寫信來，說他非常推薦學生看「地球圖輯隊」的新聞，因為這讓他們大大增長了國際視野！

海賊王一般的隊友

從兩人開始的團隊，到三名工程師自命請調，目前地球圖輯隊的成員共有八人。比較特別的是，其中一名成員徽徽原本是網站粉絲，但「黏」住了以後，拼命毛遂自薦要進入團隊工作。很幸運地，她成為第八位小隊長！

八個小隊長個性都不同，分工模式也很微妙。在地球圖輯隊裡，大家都是「小隊長」，沒有位階之分，工作內容也是在七嘴八舌的歡笑中討論出來、自行認養的。所有的人都是新聞搜尋引擎，都會對網頁發表意見，就在眾人全力以赴的運作下，推出了一則又一則新聞。

身為主編的阿咖平日相當搞笑，但對於工作的要求一絲不苟，不夠精確、不夠口語的標題就是要重來！翻譯不到味、有錯字，直接打回票！工程師小貝有時不苟言笑，臭著臉拼命辦公，但把她呼喚回現實世界時，小貝卻一點都沒有意識到剛剛發生什麼事情，其實她只是太過認真思考以至於表情嚴肅。另一位非常有才華的工程師包大人，因為極度害羞常常不發一言躲在角落，等到企劃快要定案，但大家又

▲小隊長們熱切討論中

覺得好像有什麼不對勁時，他才怯生生地說出自己的想法。這個發言常讓團隊成員火山爆發，因為太讚了，但為什麼不早點提出來！！

大家平時雖然吵吵鬧鬧，也會不留情面地嘲笑對方提出的爛想法，但其實所有人理念一致，對工作懷有同等的熱情，彼此間的感情也相當深厚。因為對自我的要求，主編完全不需要敦促進度，小隊長們就會自己把工作做完，甚至下班後又留下來，趕也趕不走。這樣一群沉浸在工作中的夥伴，就像海賊王成員一般熱血。但他們在熱血沸騰之際，還是不免要正視一個現實問題：開銷。

美化社會的堅持

地球圖輯隊最大的開銷，來自向國際知名攝影圖庫路透社、*Getty Images*購買的照片。之所以堅持使用正版，除了尊重原著，更是對專業攝影師的支持。只要想到照片可能是攝影師不顧生命危險，前進第一線所拍下，或是在炎熱天氣中等待許久才能得到的珍貴畫面，購買正版，不就是給予這些攝影師最好且實質的支持嗎？儘管每張照片所費不貲，簡直可用「燒錢」來形容，他們依舊堅持用這樣的方式為讀者帶來最真實、豐富的視覺感受。

於是，在熱血發新聞的工作之外，他們又多了一重大任務：讓收支平衡！

小隊長們紛紛提出各式各樣的籌款發想，最後他們決定將地球圖輯隊的吉祥物貓咪——名喚空空，設計成一張「空空紙模型」（可以摺出一隻立體的空空出來），讓網友以三百元為底價，自由認購。空空名字的由來，是因為小隊長阿咖覺得國際新聞在台灣容易被忽略，但其實是相當重要的存在，就像是空氣與水一樣，所以取名為空空。為了活動，小隊長阿銘特地製作兩支「支援前線」影片，還自己配樂配音，甫一上線，馬上引起熱潮，詢問度不斷。還有網友發言：「可以直接捐錢嗎？」或是直接建議他們也在其他網頁開賣。這一次的企劃算是成功，不過照片實在太貴，他們很快地又要想下一個籌款方案了。

除了對於正版圖片的堅持，他們所做的一切，其實背後來自更多的抱負與理想。

小隊長們認為，每一個市民都必須要多方

▲吉祥物「空空」

接收新聞訊息。如果每天打開電視都是暴力、情殺，那麼就會錯覺自己身處一個充滿暴戾之氣的社會。國際新聞亦然，長期接受單一資訊，會覺得世界就是長這個模樣。國人對某些文化都有特定的刻板印象，例如中東有打不完的戰爭、伊斯蘭教徒都嚮往發起聖戰、非洲國家都很落後等等，這就是因為獲得的資訊太過片面、不客觀。但真相可能是這樣：大多數伊斯蘭教徒都是和平主義者；非洲有一些老品牌咖啡商，正準備將他們的咖啡豆行銷到全世界；奈及利亞其實是全世界第二大的電影工業國……。

其實內戰頻仍的敘利亞，也是有人民上街買蛋糕、吃冰淇淋的日常生活，只是新聞焦點永遠在戰爭。小隊長們認為，只有當台灣民眾看到戰亂頻仍之地也有和平的一幕，他們才能真正擁有同理心、感同身受，不會覺得遠方的戰爭是一件「反正一直在發生、好像很正常」的事。這是為什麼地球圖輯隊特別重視多方視角的平衡報導，並盡可能採用中立客觀的語調。

他們也擔心太多嚴肅的國際新聞讓網友望之卻步，所以除了較為嚴肅的重大新聞，他們也篩選了節慶、育樂等方面的新聞報導，作為調劑的「糖果」。小隊長們堅持，新聞和吃飯一樣，都需要營養均衡。或許以「國際事件」作為主食、「守護地球」為副食，搭配「日常文化」、「科普藝文」的小菜，以及「節日慶典」、「親子育樂」的糖果，便能夠讓台灣民眾更全盤瞭解這個世界。

地球圖輯隊並不覺得他們能夠取代現存媒體，但他們的存在，無疑提供民眾更多媒體選擇，以及一個談論文化的空間。網頁上吸睛的圖片、深入淺出的文字，用意是期許台灣群眾透過地球圖輯隊網站關注世界，平衡視野，跳脫對於某種文化的刻板印象，打造更寬闊的世界觀。擁有基礎的國際視野後，將來在與不同國家人民對談時，也能更有自己的觀點，進一步思索自己能為世界奉獻些什麼。

被社會大眾所肯定

以「搭配圖片」、「調整新聞種類比例」的創新報導方式，地球圖輯隊已經改變許多人心中對於國際新聞生硬的印象，也讓更多人沒有阻礙、甚至主動接觸不同面向的國際大事。營運將近一千個日子，地球圖輯隊網站累積了豐富的國際新聞，主題包括嚴肅的政治要聞、環保議題，也有輕鬆的異國文化、社會故事，更廣及藝術、親子、教育等多面向的報導。

網頁推出以來，不斷雅納網友的意見，進行調整更新。如今的網頁使用方便，也非常人性化，例如每個人都可以登入自己的帳號，收錄有興趣的文章。每篇文章的下方都有精選的「延伸閱讀」，滿足讀者對特定議題的好奇心。過於血腥的圖片則設置提醒標語，網友可自行選擇是否點開。搜尋引擎可選擇輸入關鍵字，或依時間、地點、類別來尋找。他們也陸續和各個單位進行合作，如網路書店、電影頻道、特色餐廳，以及深具特色的各個友站，讓更多有價值的報導與讀者見面。還有很多很多……有賴讀者自己去挖寶！

為了建構這個讓讀者能夠輕鬆吸收各國大事的平台，小隊長們每天持續花費大量時

▲地球圖輯隊獲獎公告

間與現實搏鬥。雖然不是主流媒體，曝光度不像二十四小時持續播出的電視新聞一樣，但他們以愚公移山一般的傻勁兒，渴望有一天，這些努力可以撼動台灣社會，讓大家普遍擁有更寬闊的國際視野。

不靠宣傳，完全依賴網友一個一個轉介紹，地球圖輯隊已經被愈來愈多人看到。民國一〇三年六月，粉絲突破五萬人，不論是按讚支持、瀏覽文章、參與討論、轉介給友人，每一位來網站的朋友都是小隊員！如今在八位小隊長帶領下，小隊員們已逼近十萬大關！根據小隊長的幕後觀察，這些粉絲不是隨便按讚就離去而已，他們的「黏著度」非常高，不僅長期造訪，在網站停留的時間也不短（精確地說，一個頁面平均的停留時間為七至八分鐘），換句話說：大家真的是非常認真在閱讀網頁上的內容。得知這樣的成果，小隊長們都樂翻了！而在當年十一月，他們終於不負眾望，榮獲「第十五屆金手指網路獎」最佳使用者經驗獎。如今，他們持續受到各方雜誌與傳媒的熱切關注。

地球圖輯隊也許還比不上主流媒體強大，但絕對是一道不可忽視的逆襲力量！

帶給年輕人創業希望的圍巾店長：*Sabrina*

為了偏鄉一雙雙無辜的眼睛，雖一無所有，她立下蓋學校的志願。
自詡為地球人，用喀什米爾的禮物，回饋喀什米爾教育。
追夢過程中，卻意外進入大學演講，
鼓舞了對未來感到茫然的青年，她是*Sabrina*！

春暖乍寒，細雨綿綿，是個窩在家中讀書的天氣。然而身在假日的都市，我一向不喜悶在建築物內。隨意套件風衣，拉高外套領子，決定到東區轉一圈，隨意散步。雨不算大，我也懶得帶傘，心想大多數時間可走在騎樓，與路人取暖剛好。

是有點冷，霧濛濛的台北讓我想起先前看過的一支紀錄片，提到全中國因空氣污染，長時間籠罩在致命的*PM2.5*（直徑小於或等於2.5微米的懸浮粒子）之下，一年當中一半以上的時間，孩童都必須戴口罩出門……台北該不會也受其威脅吧！摸摸口袋，啊！忘記戴口罩。走在馬路上時，豆點大的雨滴猛然撲面而來，只好小跑步「逃到」最近的騎樓。整整衣服抬頭一看，是微風廣場！進去逛逛。

二樓狀似有許多特展，隨意亂逛。在一家招牌寫著*Sabrina C.*的店裡，有個頭髮閃耀著繽紛色彩的人正幫顧客打圍巾。「你不大適合這個顏色唷！換一條試試。」看樣子打圍巾者是這家小店面的負責人，姑且稱她「店長」吧！這位店長頗年輕，很中性，比時下年輕人更前衛——至少我二十出頭的女兒不會留這樣的髮型！

顧客換了一條圍巾後，似乎頗滿意。結完帳後，店長帶著微笑說：「謝謝你支持我蓋學校。」

「什麼學校？」

▲*Sabrina C.* 在微風的停留

「我創業的目的就是要去尼泊爾蓋學校，讓孤苦的小孩子都有學可以上。」

「你怎麼不早說！」

「早說你就會多買一條？」

我覺得這個年輕人很特別，遂上前與她聊天。才知道她看似光鮮亮麗的背後，有著怎樣一個艱辛的歷程。我也是苦過來的創業家，卻意外認識到眼前這個人，擁有可以鼓舞年輕創業者的堅強心志。

在尼泊爾孤兒院，看孩子喝可樂

*Sabrina*生在一個不甚圓滿的家庭，在她生命中一直不願提起的父親有施暴傾向，導致她從小不易相信人，總是有著過多的防備心，但也因此更能感受、體會他人生命中的辛苦。如此的生命歷程曾經是無奈，但當走進複雜的社會大染缸，面對更多數不清的人性悲傷，*Sabrina*坦承所有一切絕非偶然，感謝早已將憤恨覆蓋。

雖然不擅應付制式的學校課程，對英文卻有濃厚興趣，她學習英文歌曲、看美式電影，心中感到這真是一個簡單溫暖的語言。於是專科畢業後，就進入兒童美語補習班擔任專任教師。幾年後轉換跑道，進入翻譯社上班。與譯者、客戶接洽的工作中，口條清晰、處事分明的她做來得心應手，頗有成就感。另一方面，擔任義工多年，心中防備的高牆日趨崩解，人際關係益發順遂。

表面上看來，一切平穩安適，事實上，內心總牽掛著「想要完成些什麼」的夢想。而公事上日復一日的單調作業，也漸漸讓她感受不到熱情，覺得累了。

民國一〇一年，夏天即將來臨的五月，在忙碌中猛然醒覺，自己還有一週的休假。一方面想到一個安靜的地方好好休息，但存款並不寬裕，沒有太奢華的選擇，歐美日等航線非她所能負荷。腦中突然浮現：「尼泊爾，一個靜謐祥和的國家。」於是*Sabrina*約了一個朋友，踏上了尼泊爾療癒之行。

二〇〇八年廢除君主制，成為共和國的尼泊爾，擁有世界之巔——近九千公尺的珠穆朗瑪峰（當地稱薩加瑪塔峰），舉國依傍著喜馬拉雅山脈，九成地域都是高山，與工業國家相比，實是個尚未受到污染的清靜之地。

在加德滿都下了飛機，而後抵達奇旺——有著野生動物園的尼泊爾第三大都市。抬頭望見清澈的藍天，平視成群的綠樹，美不勝收。但走在人畜共用的道路上，她們必須小心翼翼，一下子怕拖鞋沾到牛屎，一下子要避開滿地的濃痰，又深怕被眼前的大象一腳踩在腳下。當地小孩看她們閃躲大象的愚蠢模樣，指著大笑說：「怕什麼，大象又不會吃妳！」這才讓她們放寬心，啼笑皆非地想起：對耶！大象吃青草和樹皮！

原是購買野生動物園的觀光行程，但已素食二十年的*Sabrina*堅持不乘坐大象——她認為這是虐待動物。於是匆匆結束動物園之旅，她們開始隨意亂逛。步行上一個小山丘，周圍開始跑出一些大眼睛的孩子，孩子們用簡單的英文喊著：「歡迎！歡迎！我們是孤兒（*Welcome! Welcome! We are orphars.*）。」

這一番話讓*Sabrina*非常震驚，怎麼會有人稱自己是孤兒。一開始她想這些孩子肯定不懂英文*orphan*的含意，但轉著靈動眼珠的小男孩小女孩，卻繼續說著彷若童言童語，卻讓人無比揪心的話語，內容大抵為：我沒有爸爸、沒有媽媽……。

孩子們引領她走進一棟破舊的建築，原來這是當地的婦幼避護所。許多尼泊爾父母受到環境所迫，沒有能力養育自己的孩子，必須將幼小的孩子送到孤兒院，而他們可能終其一生，再也不會見到自己的孩子一面。

在家鄉千里之外，聽到這麼悲慘的故事，*Sabrina*頗為動容。雖然無力改變這些孩童的命運，但總可以給他們一些甜蜜與夢想吧！*Sabrina*跑向店家，掏出為數不多的旅費，換來十幾瓶在當地來說十分昂貴的可樂，送給孤兒院的孩子們喝。看著孩子們好像喝到神仙水一般的滿足神情，不知為何心中感到莫大安慰。

她詢問眼前的孩子：「你有什麼夢想？」

小男孩說：「我想當護士。」

小女生說：「我想當醫生。」

「很好啊！你們以後合開醫院好了！」他們像是第一次被肯定一般，綻放出如花般的笑靨。

隔天，*Sabrina*和友人要前往下一個目的地了，離開前特地到孤兒院和孩子們揮別，孩子們卻圍著她們不忍離去，這當中年紀最小的，才三歲。有些小朋友強忍

▲與孩子約定：下次見面，彼此一定要更好！

淚水，不知該如何道別。*Sabrina*一一和孩子們擁抱，結果一群人哭得一發不可收拾，包括孤兒院負責煮飯的嬤嬤。於是這一刻，她下定決心，一定要再回到這裡，她要用自己的力量，帶給這塊土地一點改變。

正義的敗訴

從尼泊爾回台灣的班機上，*Sabrina*一直在思考自己可以做些什麼。她驚異地發現，在她思考這件事情時，前所未有的生命熱情湧現，她好像找到了畢生要追求的夢想一般。於是回到工作崗位的第一天，她斬釘截鐵地告訴同事：「我，要去尼泊爾蓋學校！」

同事有點驚訝，隨即點頭說道：「好，我支持你！」

*Sabrina*心中苦笑，大家一定覺得她只是說說而已，但她可是非常認真在思考此事！如果繼續在公司上班，再怎麼節省，也很難獲得創辦學校的資金，看來只有創業一途。一開始的想法都是天馬行空，是要創什麼業？賣什麼東西？以何種模式經營？全部都是問號。而突然要離開薪資穩定的工作，也不是一個容易下的決定。

非常碰巧的是，回國後不久，公司再次因老闆屢屢違法，遭到同行潑漆、砸燈等激烈手段對待。身為員工的*Sabrina*再也無法忍耐，與公司口頭協議被資遣。沒想到雇主不願支付資遣費，以至於鬧上法庭。不懂法律的*Sabrina*透過免費的法律諮詢，四處請教律師，學習相關法條，從地方法院到高等法院，全部都是自己一個人出庭。友人得知她處境，只是嘖嘖稱奇，佩服這樣一個什麼都沒有的女子，何來如此的勇氣面對惡勢力！

電影情節並沒有發生，纏訟了近兩年，因為前雇主銷毀所有書面證據，依舊以敗訴收場。*Sabrina*心知有時法律並無法彰顯正義，但至少這一段插曲，讓她得以離開是非之地，確定要朝向創業之路前進。

為了自己心中正義奔走的期間，她沒有忘記尼泊爾。甚至可以說，是心中那個尼泊爾的夢想，支持她堅持下去。這些日子，她也積極準備創業，一邊蒐集資訊、思考方向。她知道蓋學校不是一時半刻可以達成的目標，但她可以先蒐羅周邊朋友多餘的民生物資，給當地連取得紙筆都不容易、衣服也總是破爛不堪的小朋友。於是陸續募集物資，一有機會前往尼泊爾，就拼命塞進行囊。幾乎超重的行李箱中，真正屬於自己的民生用品不到一半，全都塞滿要送給孤兒院孩子的物品。

這個世界上有許多事情，在尚未遇到時，實在難以想像。某次，她打包四箱物資，寄往尼泊爾孤兒院。由於尼泊爾並不是一個人人皆可接收包裹的國家。在尼泊爾，必須付錢取得一組郵政號碼，才能接收包裹。於是*Sabrina*委託當地一名茶商代收，請他幫忙送到孤兒院。這個商人收到包裹後，特地寫信給*Sabrina*，說他收到了三大個紙箱。*Sabrina*回覆：「不，我寄了四大箱。」商人朋友才又回信婉轉地說，其實收到的三個紙箱，裡面東西都被翻過……。

*Sabrina*對此非常震撼，包裹到底是在哪個環節被打開？被誰翻過？遺失的物品又在何方？她不願相信是郵政人員的盜取，遇到扒手的想法卻也讓她很心痛。過度貧困的地方，人本來就會被迫變得貪婪。她迫切感受到，若能到當地蓋學校，除了帶給孩童夢想與希望，也一定要讓他們活出自己的品格，為自己的文化感到驕傲。

十年的喀什米爾圍巾

拼命思索要從事何種事業時，*Sabrina*沒有太多創意。自忖最大的專長就是語言和溝通，看來自己還是最適合成為商人。民國一〇一年底，冬天即將來臨，*Sabrina*取出年復一年、必定在此時出場搭配衣服的圍巾——這是母親在她二十歲那年，買給她的尼泊爾製喀什米爾羊毛圍巾。當時便價格不斐，但卻相當禁得起考驗，使用至今，已經十多年了。

喀什米爾羊毛來自喜馬拉雅山區，是高緯度山區的山羊，為了抵抗寒冷，每年秋末在皮膚與長毛之間，另外長出柔細的短絨毛。這樣的毛料非常珍貴，被稱為羊毛中的極品，不論用來織成圍巾或毛衣，價格都不便宜。

「好想再次去尼泊爾！」將圍巾繞上頸間時，尼泊爾孩童的笑容浮上心頭。*Sabrina*突然想到自己可以到尼泊爾批發喀什米爾圍巾，引進台灣啊！當年十二月，她規劃了四天三夜的尼泊爾之旅。出國前，她拼命找時間到東區看店面，也和房東談租約，卻怎麼也談不攏，心情相當沮喪。「難道是自己把事情想得太過簡單？」撥開紛亂的想法，她勉強提起精神，憑著一股蓋學校的熱情，飛往尼泊爾。

她把費力從台灣扛來的三十公斤物資——裡頭蘊含著她在台灣許多位朋友的真心，託付給賣茶葉的朋友，千叮嚀萬囑咐一定要幫她寄上山給孤兒院的孩子。友人拍拍胸脯表示不用擔心，並熱心介紹她前往首都加德滿都一家頗具規模的*Cashmere*

批發商。*Sabrina*拖著剛清空的行李箱，來到批發商門口，出來接待的是一對夫妻，他們詢問*Sabrina*需要多少量的圍巾。

「嗯……兩百條好了。」

接待的太太上下打量他，問道：

「妳從哪裡來的？」

「妳一個外國女生，就這樣自己前來批貨？」

「妳怎麼會這麼有勇氣？」

這一對廠商夫妻專做批發，也兼零售，他們見過非常多種人，但從未見過拉著一只行李箱就來尼泊爾批貨的異國女子。廠商太太對眼前*Sabrina*大感好奇，接連追問，她們就這樣攀談起來。

▲*Sabrina C.* 第一款義賣明信片（圖為喀什米爾圍巾）

*Sabrina*娓娓道來對尼泊爾的感情、在此地蓋學校的夢想、創業的過程……。廠商太太聽了頗為感動，於是將門推開，手一揮：「隨便挑選吧！妳居然是為了我們國家的孩子在做生意！」

*Sabrina*也毫不客氣，就在店裡精挑細選了一整天，直到夕陽西落。

那些日子的掙扎和喜悅

回國後，才是戰鬥的開始。

兩百條珍貴的喀什米爾圍巾，如果全部賣掉，絕對是一筆不小的收益。然而事情哪有這麼簡單！首先第一個問題是，要在哪裡賣？由於沒有合適的店面，只好將希望寄託在網路上。為此，她請教了幾位朋友，幾乎每個人第一句話都是：「先在臉書推廣吧！」

「ㄜ……我沒有帳號。」

「什麼！你是年輕人嗎？」「如今連歐巴桑都會用臉書了！你居然沒有帳號？」面對這樣的質疑與訕笑，她也不感到汗顏，學就好了嘛！於是，在朋友協助下，她申請帳號、設立粉絲頁、學會視察動態。

一位剛從布拉格交換回來的建築系大學生，某次前來拜訪*Sabrina*，不經意看到她在筆記本上的簽名，覺得還不錯，脫口而出：「這說不定可以做成商標。」於是那個下午，*Sabrina*就在咖啡廳的桌前不停地簽名，簽了大約有一百個，大學生從中挑選一個，為她設計出商標「*Sabrina C.*」。大學生感念*Sabrina*一直以來的照顧，沒跟她收任何一分錢，事實上，財務困窘的她也不大付得出來。

學會粉絲頁的經營，也有了商標，但業績並沒有起色。看來還是必須找個店面，或與現有商家合作。詢問不下三十家店面，依舊因為租金太高而打退堂鼓。眼看已經過了一個月，冬天正悄悄地離去。因為租不起東區的店面，想在其他商家寄賣也不得其門而入，只好四處造訪可能的擺攤機會。這時，發生了一件難以置信的事情。

一直苦思沒有店面的*Sabrina*，偶然間，遇到一位長輩，兩人聊了起來。聽聞*Sabrina*的處境，那位長輩說自己在西門町有一個小工作室，位於昔日非常繁華，但如今已經沒落的舊建築二樓。看到*Sabrina*為了自己的夢想這麼努力，願意免費將店面暫時借給她。初次步入當年有「小香港」之稱的商場，可謂光華散盡、人氣凋零，但*Sabrina*非常感謝，至少，終於有了一個落腳休息與擺放貨物的地方。但此地比較像舊倉庫而不是店面，沒有人指引，客人很難走得進來。因此*Sabrina*還是必須要到處擺攤、狂跑創意市集。

真是一段不堪回首的過去，當時，只要申請到市集的攤位，不論天氣晴雨，都得拖著一只超過二十公斤大皮箱，東征西討，使出三寸不爛之舌叫賣。有過連續三天慘澹毫無進帳的日子，只能吃土司度日。也有遇到知音，一天賣出五六條圍巾的幸運狀況。事實上，大多數時候是前者。肚子餓是小事，自恃強壯的她，終究因長期拖負重物且過於勞累，身體出了狀況。

家人對於創業的*Sabrina*歷經這麼多辛苦，倍感心疼。由於收入不穩定，母親總擔心她熬不下去，經常偷偷前來探班。心裡的擔憂雖然強烈，卻絮絮叨叨地唸著：「為了給外國人蓋學校，辛苦成這樣，何必啊！」母

▲尼泊爾的孩子們

親口中那無法理解的嘆息，讓她覺得孤單不被理解，但*Sabrina*一直沒有放棄，事實上她是沒有退路，而且她一直想要證明，在台灣這塊自由的土地上，沒有什麼無法實踐的夢想。

數不清為她擔憂的友人，常前來小店拜訪，帶著食物、飲料，或幫她招攬客人，或來選購佳節禮物，這段艱辛的歲月，除了家人以外，就靠著朋友、朋友的朋友，以及再轉介紹的朋友，陪她一起度過。然而大多數時候，仍是自己要面對的戰鬥，也有累到質疑自己，或忍不住喝問蒼天「我還要撐多久？」的時候。每當快要撐不下去時，她就回想尼泊爾孩子可愛的臉龐、對於新學校充滿期待的神情，她不斷鼓舞自己：撐下去，一定會好轉的！

從氣苦到心安

民國一〇二年底，*Sabrina*三度前往尼泊爾。抵達飯店後，約好見面的尼泊爾友人突然表示，自己接下來兩週十分忙碌，無法依約接待*Sabrina*，本來兩人計畫好要去拜訪廠商等等行程，幾乎都必須取消。*Sabrina*一聽晴天霹靂，好不容易排開時間飛到這裡，卻活生生被放一場鴿子，心中氣憤難當，但可悲的是根本無從發洩。無處可去的她，決定先上山看看睽違已久的孩子。

再次踏上山丘上的孤兒院，孩子們見到她欣喜欲狂，紛紛圍著她繞圈圈。每個孩子爭相展示自己已經長高，或者有一個小傷口，還是最近新畫了一張圖，年紀小的則直接跳到她身上。站在孩子們後方的，是笑容滿面的煮飯嬤嬤。與煮飯嬤嬤示意後，她走進孤兒院，詢問院方是否有收到前一年寄來的物資。

「沒有喔！什麼物資？」

*Sabrina*覺得不對勁，連忙撥電話給那位尼泊爾友人。電話中，友人隨即撇清：「東西早就託人送去，我不知道！」掛上電話後，就再也打不通了。

剎時間，爽約、背信、欺騙、敷衍……等詞彙迅速襲上*Sabrina*心頭，她氣得緊握雙拳，卻不願意在孩子眼前流下眼淚。她彎下腰，趁沒人看到時將淚水擠掉，從行李箱拿出友人託她贈送給尼泊爾孩子的筆記型電腦，說：「我們來學打字吧！」

她在山上的學校借住了兩天，和孩子們一起吃飯、睡覺、畫圖、打電腦，以及看訊號很差的電視節目。孩子帶來的心靈慰藉，讓她稍稍忘記遭到背叛那種很糟的感覺。這期間院方祕書不斷要她捐款，他婉拒了，反而向對方請教該如何蓋學校。她決定了，要自己來主導這一場改變，提供錢、物資什麼的，不是最根本的辦法。

在工作上不如預期有收穫的*Sabrina*，只好提前返台。稍微沮喪一下，*Sabrina*很快地從低潮中恢復了。她沒有悲傷的本錢，必須像陀螺一樣持續且高速地轉動，才不會倒下。新的一年開始，她做了許多突破，除了前往泰國批發精品，也架設購物網站、製作形象影片，在各方面強打自己的商品知名度。十個月後，終於能以從容的心情，拜訪尼泊爾的廠商與孤兒院。

闊別十個月，一開始竟找尋不到昔日那群孩子們。透過當地居民協助她詢問孤兒院所在地，一位面善的在地人遙指遠方：「孤兒院？就是那棟粉紅色的新房子！」

「不是啦！他們住的房子是綠色的！」*Sabrina*反駁，她記得非常清楚，管理員曾告訴他，孤兒院是利用象大便混合泥土建造，再漆上綠色油漆。

「就是那棟粉紅色的！相信我！」在地人的語氣堅定無比，不容挑戰。她懷著疑惑朝向那棟嶄新建築前進，仍死不放棄地沿途不停追問。路況不是很好，一不小心，還跌進了田埂幾次。粉紅建築矗立眼前，一群孩子從裡面奔跑出來。

「*Hi! Sabrina!*」

「就是他們！我第一次造訪奇旺遇見的孩子們！」眼前這棟水泥房厝，讓*Sabrina*心中非常激動。將近一年過去，自己曾造訪的孤兒院，成為尼泊爾第三大都市——奇旺，超過一百間孤兒院當中，少數獲得經費，得以新建的孤兒院。孩子們終於有了安全的居住環境，有可以安心睡覺的床鋪，以及讓他們目不轉睛的清晰電視。

她想：是祈願的力量吧！是夢想的加持吧！當有人為了他們的幸福努力，所有的祝福也會齊來聚集。*Sabrina*這樣深信著。

▲*Sabrina C.* 西門店內實景

西門町偏郊的祕密花園

數不清多少個心慌馬亂、提心吊膽的日子，收入兩萬、立即支出一萬八的窘境也是家常便飯。但*Sabrina*以社會企業自居，堅持「好品質」、「好服務」的經營模式，逢年過節也不忘以卡片或訊息關心每一個消費過的顧客。與她見面過的客人，都服膺在她爽朗的個性下，自然與她成為好友。透過人脈不斷地累積，喜愛喀什米爾產品的顧客爭相轉介，總算擴大了客源。

一直到創業整整一年半後，才開始有盈餘，得以架設官網、拍攝形象影片。原先僅作為倉庫的工作室，也在*Sabrina*用心布置下，成了遠近馳名的私人招待所。招待所內的沙發、桌椅、櫃架都是朋友相贈。由於台北市空間狹小，友人搬家時，第一個總想到：「來問一下*Sabrina*的店需不需要」。*Sabrina*的店空間有限，故常轉贈其他需要的朋友。時間久了，店裡便成為物資流通交換的場所。

此外，在西門町的小店，也成為她投入義工單位的種種會議地點，來自各行各業、各種年齡層的義工不時出入，歡笑聲不斷。店裡常坐滿聚精會神開會討論的人，也不時有人前來一訴衷腸，到了夜間人潮還是絡繹不絕，讓管理員十分好奇她究竟是何許人也。

來到這裡的顧客，有人一聽說她要蓋學校便打開皮夾說要捐錢，被*Sabrina*婉拒；也有大學老師要幫她組團，一起到尼泊爾開課教學；還有顧客不時打電話來關心蓋校進度，甚至表示：「妳就帶我兒子去幫忙蓋學校吧！」一切的真心，*Sabrina*都記在心裡：「會讓你們看到結果的，一定！」

輾轉各地，觸動一千顆心

隨著台灣社會蕩漾著創業的氛圍，各種演講應時而起。*Sabrina*迥異於人的創業原點，受到許多單位的矚目。受邀到各地演講的*Sabrina*，毫不吝嗇地分享自己的一無所有：包括沒有顯赫學經歷、不會電腦、沒有店面、成天被拒絕，然而，她卻因為擁有更廣大、且是為了讓世界更好

▲大學生現場剪紙

的夢想，得以堅持忍耐地度過難熬的創業艱辛。

沒有大學學歷的*Sabrina*，因為不凡的夢想與經歷，甚至被邀請到中國文化大學「創意寫作」的課堂上演講。行前，文大畢業的友人調侃說：「你去上課若學弟妹們都在睡覺，麻煩包容一下吧！」殊不知該堂課毫無冷場，每個學生反應熱烈。在場一位大學生還隨機創作一張剪紙，對*Sabrina*頭上乘載著希望小學的夢想，表示致敬！同學更接二連三發表，要勇敢走出自己的舒適圈，立下為了別人幸福的志向。連邀約她去的文大老師都說自己被深深鼓勵，而公開一直以來想創辦學堂的夢想。

爾後，她陸續前往台北科技大學、台灣科技大學、背包客旅店演講，一年之內，共計面對一千人述說她的故事，台下時而爆笑、時而鼓掌、時而尖叫的回應，顯示她真正觸動他們的心。一場場與年輕弟妹的對談中，她鼓舞他們不要怕吃苦、勇敢去追夢！這樣的話在一個嚐盡辛酸的人口中講出，特別有說服力。

我不相信「唯心論」那一套說法，但在她身上，確實看到了「吸引力法則」的運作，一個有夢想的人，真的能夠吸引全宇宙來幫她。就在我拜訪此地後不久，兩位台灣師範大學的在學研究生，到她的小店來申請企業實習；《經理人雜誌》也刊登了「*Sabrina C.*」的全頁廣告。我知道她不是用錢換來——這或許，又是另外的感人故事了。

尼泊爾的味道，有來自西藏的檀香，有飛舞在空中的黃沙，有屹立不搖的喜馬拉雅山。這些味道，深埋在*Sabrina*的鼻腔，久久不去。在*Sabrina*身上，我看到了一個地球人的心胸，我認為，這是台灣青年需要的堅毅與寬闊。

〔後記〕

持續，才有漣漪

寫這本書的目的很單純。

一開始，我只是深深為徐超斌醫師的故事所感動。當我將此書介紹給幾位工作上的合作夥伴，卻得到不只一人的類似回覆：「我每天要接觸的資訊非常多，你可以幫我摘錄重點？」初聞此言感到相當不可思議，但後來我漸漸釋懷：當今社會，不是每個人都有時間去閱讀每一本好書。但即使如此，想要瞭解這個世界的美好之心，卻是大多數人都具備的。

我一向是個擅長說故事的人，我決定將一些激勵人心的好故事，透過我的筆、我的口，宣揚出去——於是有了這樣一本書的企劃。我將日常蒐羅的簡報、網頁等資訊交給助理，在他們的協助下挑選題材、對象，重新撰述感動人心的故事。在這當中，也和助理們產生不少激盪。有的說：「這個人都已經出書了，為何還要寫他？」有人熱心介紹自己認識的不凡小人物，興沖沖地要我寫進書裡。也有人對目錄很有意見，聲稱一定要提到影響台灣甚鉅的「翻轉教育」。就在諸多意見的溝通、交融之下，誕生了這本書。

爾後，在撰述與出版的過程中，受到各個當事人的支持與協助，加倍感受到人心的溫暖。必須坦言，寫完這本書後，因接觸到更多新的資訊，我的視野愈發擴展，心境也更為豐足。感謝所有朋友一路上的關心與支持，「善」並沒有終點，這本書也只是旅途中的一站，但相信在你我持續的述說與行動下，善的漣漪將散布台灣每一個角落。

典藏閣

微小中的巨大──「小人物」的巨大貢獻

作　人 ◤王擎天
編　輯 ◤歐綾纖　　美術設計 ◤吳吉昌
總編輯 ◤陳雅貞　　內文排版 ◤王鴻立
劃主編 ◤張欣宇　　特約編輯 ◤周宣吟、黃曉鈴、潘千里

撥帳號 ◤50017206 采舍國際有限公司（郵撥購買，請另付一成郵資）
灣出版中心 ◤新北市中和區中山路2段366巷10號10樓
話 ◤(02) 2248-7896　　傳真 ◤(02) 2248-7758
SBN ◤978-986-87443-5-6
版日期 ◤2015年8月三版12刷

球華文市場總代理／采舍國際有限公司
址 ◤新北市中和區中山路2段366巷10號3樓
話 ◤(02) 8245-8786
真 ◤(02) 8245-8718

系列書系特約展示門市
絲路網路書店
址 ◤新北市中和區中山路2段366巷10號10樓
話 ◤(02) 8245-9896
址 ◤www.silkbook.com

上pbook&ebook總代理／全球華文聯合出版平台
題討論區 ◤www.silkbook.com/bookclub　　● 新絲路讀書會
子書平台 ◤www.book4u.com.tw　　● 華文網雲端書城
本書平台 ◤www.silkbook.com　　● 新絲路網路書店

國家圖書館出版品預行編目資料

微小中的巨大──「小人物」的巨大貢獻／王擎天 著.-- 新北市中和區：典藏閣，2015.7〔民104〕
面；　公分

ISBN 978-986-87443-5-6（平裝）

1. 心靈勵志　2. 人物傳記

783.31　　104009324

本書所得將全數捐贈慈善機構

書由著作人自資出版，委由全球華文聯合出版平台發行。採減碳印製流程並使用優質中性紙 (Acid & lkali Free) 與環保油墨印刷，通過碳足跡認證。